VÉGÉTARIEN

PARFOIS
SOUVENT
OU PASSIONNÉMENT

XXX

Catalogage avant publication de Bibliothèque et

Archives nationales du Québec et Bibliothèque et Archives Canada

Graton, Vincent, 1959 —

    Végétarien : parfois, souvent ou passionnément :

    130 recettes savoureuses

    ISBN 978-2-923681-61-0

    1. Cuisine végétarienne. 2. Cuisine santé. 3. Alimentation.

I. Ferrer, Jérôme. II. Huot, Isabelle, 1970 —. III. Titre.

TX837.G72 2011   641.5'636   C2011-940424-9

Directrice de l'édition **MARTINE PELLETIER**

Direction de création **ATELIER CHINOTTO**

    (ANNE-MARIE DEBLOIS ET ANNIE LACHAPELLE)

Design graphique et illustrations **ATELIER CHINOTTO**

    (ANNE-MARIE DEBLOIS ET ANNIE LACHAPELLE)

Infographie **BETTY LAROSE**

Photographie **DANIEL MATHIEU**

Assistant à la photographie **ALEXIS BRAULT**

Cuisine et stylisme culinaire **CÉLINE COMEAU**

Assistant stylisme **ATELIER CHINOTTO**

Assistante cuisine **DANIELLE DULUDE**

●

LES ÉDITIONS

LA PRESSE

Président **ANDRÉ PROVENCHER**

LES ÉDITIONS LA PRESSE

7, rue Saint-Jacques

Montréal (Québec)

H2Y 1K9

●

L'éditeur bénéficie du soutien de la Société de développement des
entreprises culturelles du Québec (SODEC) pour son programme d'édition
et pour ses activités de promotion.

L'éditeur remercie le gouvernement du Québec de l'aide financière
accordée à l'édition de cet ouvrage par l'entremise du Programme de crédit
d'impôt pour l'édition de livres, administré par la SODEC.

Nous reconnaissons l'aide financière du gouvernement du Canada par
l'entremise du Programme d'aide au développement de l'industrie de
l'édition (PADIÉ) pour nos activités d'édition.

TABLE
DES MATIÈRES
——

Table des matières

MOT DE VINCENT

— *Vincent Graton*
acteur —

Quand ai-je croisé pour la première fois de ma vie un végétarien ?

Je ferme les yeux. Je respire profondément. Y a rien comme un plongeon psycho-pop dans ses mondes parallèles pour retracer la route.

J'essaie de revoir un visage, de percevoir un poncho, des sandales ou des odeurs de patchouli de mon époque hippie qui se seraient réfugiés dans mes tréfonds, mais ce sont des mots que j'entends se percuter... puis des bouts de phrases se bousculent et résonnent en écho. L'impression que quelqu'un me tient la tête dans un tonneau d'eau qu'on frappe à la *crow bar*.

Cacophonie des années 70 :

— Depuis son retour de Californie, la fille du voisin est végétarienne.
— Ah oui, c'est pour ça qu'elle a la peau jaune, pis du poil en dessous des bras... Elle doit faire partie d'une secte.
— Y paraît qu'elle mange de la luzerne à la pelletée.
— De la luzerne ? C'est quoi ça ?
— C'est une espèce de... de gazon.
— Quoi ? La voisine mange du gazon ?
— Oui.
— Ça doit être pour ça qu'elle a mauvaise haleine.
— Elle a pas mauvaise haleine en plus ?
— Oui monsieur, c'est connu. Y paraît que la salade, ça fermente dans le ventre.
— Eh *boy* ! Elle passera pas l'hiver.
— Ouais... Ça fera pas des enfants forts.

Depuis les années 60-70, les perceptions ont évolué. Les habitudes alimentaires se sont transformées, se sont adaptées à d'autres manières de vivre.

De nombreuses études scientifiques ont confirmé, hors de tout doute, noir sur blanc, que des entrailles nourries à grands coups de bacon, de saucisses, de *fried chicken* et de ragoût de boulettes risquaient d'exploser plus rapidement que celles nourries par des protéines plus... « douces ». Équation simple à comprendre en ce siècle entrelardé de millions d'études scientifiques moult fois contradictoires. (Une journée deux verres de vin sont essentiels à la guérison des maladies cardiovasculaires, le lendemain ces mêmes verres de vin deviennent les ennemis de l'érection chez l'homme... À y perdre la tête !)

Soyons clairs, je suis ce qu'on appelle un amant de la bouffe. J'aime rassembler autour de ma table ceux et celles que j'aime pour parler, pour déguster, pour arrêter le temps, pour mieux comprendre la vie, pour partager... Et ce partage se fait parfois autour de jarrets d'agneau aux olives longuement mijotés à feu doux, d'un poulet portugais fourré de chorizo et de tomates épicées ou d'un bon pain de viande de ma tante Loulou.

— Oh sacrilège Graton !!
— Quoi cé ke j'ai dit bâtard ?
— Tu manges de la viande !?

Eh oui, je l'avoue. Il m'arrive de plonger dans ma cocote en terre cuite pour ronger les os d'un poulet. Je suis une papille sur deux pattes. Je suis une zone érogène inassouvie.

D'ailleurs, petit fantasme à partager :

À ma mort, je rêve d'être réincarné en beau petit veau de lait. Je m'imagine élevé par un jeune fermier qui me nourrirait avec du foin bio, qui me laisserait gambader sur la plaine entouré d'abeilles en liesse et qui me caresserait le soir venu en écoutant *Occupation Double* sur un écran plasma perché dans l'étable.

Par un soir d'Halloween, je m'imagine veau de lait, être tué par les mains velues mais ô combien reconnaissantes de mon fermier bio en écoutant *Les Canons de Pachelbel*.

Je vois ma fermière m'apprêter pendant que les enfants se costument pour cette grande soirée du 31. Elle me badigeonne de moutarde. Elle me pique d'ail. Elle me dépose sur une montagne de légumes racines. Puis me place au four à 325 degrés pendant huit heures... Une cuisson à feu lent. Oh douce chaleur pénétrante. Même mort, j'entends les enfants chanter. Je les vois jouer au Monopoly à travers la vitre du four. Des portières d'autos claquent. La visite arrive. Les bouteilles de rouge s'ouvrent.

On me tire du four. On me dresse sur une grande assiette de service, assiette qui appartenait jadis à l'arrière-grand-

8

père du fermier. Autour de la table, la meute de joyeux carnivores s'exclame : «Oh quel beau morceau!» On me coupe judicieusement. Puis un concert de «Hum... menoume... menoume» s'élève à chacune des bouchées. On me savoure avec délectation.

Oui, je me confesse, je rêve d'être mangé comme ça, pour que mon souvenir soit éternel, pour lier les êtres entre eux.

Je ne suis donc pas un végétarien pur et dur. Je ne prêche pour aucune église fructo-légumineuse-céréalière-charismatique.

Mais bon, comme je lis un peu... Comme je m'informe de l'ère dans laquelle nous vivons. Comme je crois que nous avons la responsabilité d'agir pour que le développement agricole ne soit pas à la solde de conglomérats industriels. Comme je crois que le développement agricole doit se faire de façon durable. Comme je crois au pouvoir de l'achat local et que j'ai le bio tatoué sur la fesse gauche. Comme je crois que nous avons la responsabilité de prendre soin de nos corps pour que nos hôpitaux se libèrent pour ceux et celles qui en ont vraiment besoin. Comme j'ai quatre enfants à qui je veux offrir le meilleur et comme je suis simplement curieux, j'ai commencé à m'intéresser au monde du végétarisme.

Pour nous sensibiliser à d'autres sources «nutritives», à une autre manière de vivre, nous avons décidé à la maison de diminuer notre consommation de viande.

En parcourant les livres de recettes végétariennes, je me suis vite aperçu qu'il y avait peu d'ouvrages qui offraient de véritables recettes gourmandes jouissives, qui conseillaient sans culpabiliser et qui réussissaient à vulgariser le remplacement de la protéine animale par la protéine végétale.

Autrement dit, ma portion de viande, je la remplace par quoi? J'ai besoin de combien de protéines animales pour vivre normalement? Les protéines végétales sont-elles équivalentes aux protéines animales? Combien de noix pour une portion de rôti de palette? Une banane remplace-t-elle un steak? Un bol de gruau équivaut-il à une tranche de rôti de porc et sa patate brune?

La «très sainte bible» du guide alimentaire canadien nous a sensibilisés à l'importance des fruits, des légumes, etc. Mais où sont nos repères si nous décidons de manger végé?

En jasant avec mon ami Jérôme Ferrer, j'ai réalisé que nos connaissances respectives sur les protéines végétales étaient déficientes. Nous avions de la difficulté à établir un type d'équivalence entre les différentes formes protéiniques.

Je me suis donc dit, rassemblons autour d'un livre : un chef remarquable toujours en quête d'apothéose, capable de transformer un radis en voyage astral ; une nutritionniste aux connaissances limpides et aux sens débordants, capable de faire comprendre à un écureuil la différence entre une noisette et une *peanut*; et un ignare qui questionne généreusement pour tenter de comprendre simplement les choses.

J'espère que notre croisement engendrera chez vous de très joyeuses explorations culinaires pour que les rencontres se créent, pour que les liens se tissent, pour que vos journées sans viande se fassent à travers le plaisir immense de découvrir d'autres mondes .

MOT DE JÉRÔME

— Jérôme Ferrer
chef exécutif, restaurant Europea,
Relais & Châteaux —

Je le dis d'entrée de jeu : je ne suis pas végétarien. Jusqu'à tout récemment, même, je considérais le végétarisme comme un phénomène de société, une façon de vivre, plutôt que comme une façon de se nourrir. Ma vision a radicalement changé depuis.

Ma conjointe, qui a toujours eu une saine alimentation, est décédée en 2010 d'un foudroyant cancer. Il va sans dire que ça m'a profondément perturbé. J'ai senti un urgent besoin de changer des choses dans ma vie, peut-être pour accepter le grand vide. J'ai fait un voyage en Inde. C'est là que le déclic s'est fait. Une grande partie des spécialités culinaires de ce pays est à base de légumes et de légumineuses. Pour toutes sortes de considérations, dont la pauvreté, la religion et bien d'autres, le peuple de l'Inde se nourrit sainement en mangeant très peu de viande.

De retour à Montréal, j'ai simplement décidé de prendre davantage soin de mon corps et de ma santé. Moi qui exerce un métier qui me met en constant contact avec la viande, le gibier et les charcuteries, je ne voulais pas tomber dans le végétarisme à 100 %. J'ai commencé par les lundis sans viande puis, graduellement, j'ai intégré aux autres jours de la semaine des préparations à base de légumes, de noix et de légumineuses. La viande a été remplacée par le poisson. J'ai conservé mes fins de semaine pour des festins carnivores et des barbecues avec mes amis.

Les semaines se sont écoulées sans que je me sente en manque de viande. Après quelques mois, lors d'une pesée, j'ai constaté que j'avais perdu 25 kilogrammes ! J'étais à la fois heureux et inquiet. Le simple fait d'apporter ces changements m'avait-il vraiment fait perdre autant de poids ? J'étais peut-être malade, je devais avoir des carences en

vitamines, en protéines, etc. Une visite chez le médecin m'a tout de suite rassuré. Non seulement, je ne présentais aucune carence, mais mon taux de cholestérol avait beaucoup diminué.

Je continue à manger de tout et sans aucune retenue. Mon équilibre alimentaire nouveau contenant plus de légumes et moins de viande fait de moi quelqu'un qui se sent mieux dans sa peau.

Mon ami Vincent et moi, épicuriens dans l'âme, avons maintes fois eu des discussions sur le végétarisme : Peut-on adopter des habitudes alimentaires végétariennes sans devenir totalement végétarien ? Oui, tout à fait. Nous en sommes de bons exemples.

Cette nouvelle orientation en cuisine est loin d'être un sacrifice. Ceux et celles attirés par le défi réaliseront rapidement que ce n'est ni ennuyeux ni décourageant.

Manger à sa faim et prendre du plaisir n'est pas incompatible. Je vous le prouve en vous offrant quelques-unes de mes recettes gourmandes et savoureuses qui vous feront découvrir un plaisir nouveau.

MOT D'ISABELLE

— Isabelle Huot
docteure en nutrition —

Le végétarisme à temps partiel, ou encore le flexi-tarisme, est un mode d'alimentation que je pratique personnellement.

Si jadis j'ai été végétarienne stricte, je me permets aujourd'hui un peu de viande, surtout au restaurant et chez des amis. À la maison, j'applique les principes d'une alimentation de type méditerranéen, essentiellement composée de végétaux, de poissons et de fruits de mer.

Je me confesse. Si je ne pouvais manger qu'un seul groupe alimentaire jusqu'à la fin de mes jours, ce serait assurément celui des légumes. Surtout s'ils sont arrosés d'une bonne huile d'olive extra-vierge et de fleur de sel. Je les adore ! Tant crus que cuits... et il en va de même pour les autres aliments de base de la cuisine végétarienne. Les légumineuses, les noix, les graines font partie intégrante de mon alimentation depuis toujours.

Lorsque Jérôme et Vincent m'ont invitée à collaborer à leur ouvrage, j'ai tout de suite accepté. Non seulement le concept me plaisait énormément, mais je savais pertinemment qu'avec ces deux amis, j'aurais un plaisir fou à participer au projet. Ce fut effectivement le cas. Jérôme avec ses recettes originales qui allient saveur et santé ainsi que sa passion contagieuse et Vincent avec son audace, son dynamisme et son originalité ont rendu la rédaction si agréable...

J'espère qu'à votre tour vous aurez autant de plaisir à cuisiner et à partager avec vos amis et votre famille, en toute convivialité, ces recettes qui vous amèneront vers tout un monde de découvertes !

Bonne santé !

●

LE POUVOIR DE L'ASSIETTE

— Vincent Graton
acteur —

Comme le disaient nos grands-pères et nos grands-mères agriculteurs dans un temps où les intempéries et les malheurs unissaient les hommes et les femmes pour créer le pays : « Une bonne claque su'à yeule ça réveille son homme » ou encore « Laisse-le rentrer dans l'mur d'aplomb. En s'relevant, y va avoir la face défaite, mais l'chanceux va pouvoir la remettre drette ».

Le mur, je l'ai frappé plusieurs fois dans ma vie. Et la dernière fois, il m'a défiguré comme un pitbull libérant ses mâchoires devant un comptoir de saucisses.

Il y a quelque temps, après une journée de tournage, je suis littéralement tombé sur le derrière. Ma belle grosse charpente d'ex-jeune premier étendue raide. Deux heures sans bouger... Une belle occasion de se rappeler que la vie est fragile et qu'à n'importe quel coin de rue, notre générique final peut tomber : « Bonsoir, il est parti... THE END ».

Victime d'une espèce de chute de pression. L'« événement » a simplement confirmé l'état lamentable de l'ensemble cellulo-moléculaire dans lequel je me trouvais. L'*uppercut* ne m'a pas laissé le choix : poursuivre mon aventure terrestre en santé ou pas. « Être ou ne pas être. »

Il fallait que je fasse quelque chose. En l'espace de quelques jours, je suis devenu le redoutable gestionnaire de ma vie, un Donald Trump à la puissance dix. Finie l'époque anarchique gérée par l'intuition et les pulsions du bedon !

Mieux dormir, faire de l'exercice, prioriser mes engagements (lire : déstresser), méditer un brin et mieux manger sont devenus des *must*. Rien d'original là-dedans. Cette manière de vivre est à la base de nombreuses philosophies et sagesses depuis des millénaires et a fait l'objet de nombreuses et savantes études scientifiques. En déprogrammant les vieux *patterns*, l'espèce de moignon d'homme que j'étais devenu a retrouvé son énergie d'antan. J'ai eu l'impression qu'on m'avait greffé une pile *Duracel* entre les deux omoplates.

J'ai plongé le nez dans différents livres et revues, épluché le contenu web de l'univers agro-alimentaire. Mon exploration est vite devenue une obsession qui s'est intensifiée jusqu'au jour où, au moment où je m'y attendais le moins, une intuition fulgurante m'a traversé les synapses et les cellules de bord en bord du corps. Un soir, alors que je sirotais une tisane à la camomille mon chien couché sur mes orteils, une émotion vive m'a submergé. Elle m'a inondé de bonheur. Comme si je touchais enfin à la supra conscience intergalactique. Ouis, j'en étais convaincu : IL FALLAIT CHANGER LE MONDE EN DÉCIDANT DE CE QUE NOUS METTONS DANS NOTRE ASSIETTE...

En m'ouvrant les yeux, mon corps a été parcouru de frissons dignes des grands orgasmes qui jalonnent notre expérience humaine. Oui !!!!! Retrouvons l'esprit du guerrier. Renouons avec la force du Jedi. Oui !!!!! Recréons les liens qui nous unissaient au temps du *flower power* et de Woodstock. Oui !!!!! En choisissant ce que nous mettons dans notre assiette, reprenons le contrôle de nos destinées. Reprenons le contrôle de notre santé, de notre environnement, de notre économie en achetant simplement ce qui est bon pour nous, chez nous. Prenons soin de notre santé, de nos terres, de nos eaux, de l'OR VERT qui alimente le monde! Oui !!!!! Oui !!!!! Oui !!!!! Cultivons l'espérance par le pouvoir de l'assiette !

l'assiette et la santé
QUELQUES FAITS

- Selon une étude de l'Organisation de coopération et de développement économiques (OCDE) publiée en 2010, une épidémie d'obésité ravage le monde. Avant 1980, le taux d'obésité était généralement nettement inférieur à 10 %. Il a depuis doublé et même triplé dans de nombreux pays. Dans ceux de l'OCDE, la moitié de la population est en surpoids. (1)

- La durée de vie d'une personne obèse est inférieure de huit à dix ans à celle d'une personne de poids normal... Une personne en surpoids augmente son risque de décès d'environ 30 %. (1-2)

- L'Agence de santé publique du Canada confirme que le taux d'obésité touche 25 % de sa population (une personne sur quatre!). (4)

- Selon la Coalition québécoise sur la problématique du poids, 57 % de la population québécoise aurait un excès de poids (21,8 % obèses, 34,5 % en surpoids). (5)

- Toujours selon la Coalition, 25 % des enfants auraient un excès de poids. «Entre 1978 et 1984, la proportion de jeunes de 2 à 17 ans touchés par un surplus de poids s'est accrue de 55 %». (6)

- En 1999-2000 au Québec, l'obésité aurait coûté 700 millions de dollars, soit 5,8 % du budget de la santé.

- En 2005, au Canada, le coût des maladies chroniques liées à l'obésité représentait 4,3 milliards de dollars (le rapport de la Santé publique du Canada mentionne que ce montant est sous-évalué...). (4)

- On évalue qu'en 2020, trois Américains sur quatre auront un surplus de poids ou seront obèses. En 2008, aux États-Unis, les maladies causées par l'obésité auraient coûté 147 milliards de dollars au gouvernement. (3)

- L'obésité représenterait de 2 à 7 % des dépenses totales en santé dans les pays industrialisés. (5)

Quand même étonnant qu'en ce siècle où les recherches scientifiques se succèdent à un rythme effréné pour établir un lien sans équivoque entre ce que nous mangeons et notre santé, le monde soit emporté dans une spirale où la population se fait harakiri à petit feu.

Alors qu'on pensait que le Québec d'aujourd'hui carburait aux plaisirs épicuriens, à l'anis étoilé et au piment d'Espelette, alors qu'on pensait que les émissions de cuisine étaient devenues un nouveau rassemblement eucharistique, que les nouveaux prêtres et prêtresses de ce monde en quête de sens étaient les Di Stasio, Bégin, Stéphano, les Kiwis, Ricardo, Chuck et toutes les autres brigades qui illuminent le firmament des ondes télévisuelles, une étude nous apprend que «plus de la moitié des enfants disent manger le soir devant la télévision ou un écran d'ordinateur». (7)

L'enquête sur le terrain *Tout le monde à table* indique également que « 55 % des ménages du Québec consomment régulièrement des repas qu'ils n'ont pas cuisinés eux-mêmes. » (8)

Ces chiffres surprenants nous ramènent à une certaine humilité. Le Québec n'est peut-être pas le nouvel Eldorado gustatif que nous pensions...

C'est vrai qu'il faut parfois interpréter les chiffres avec une certaine réserve. Comme dirait l'gars : «Les chiffres y disent ben c'qui veulent». Il existe sur le marché, par exemple, des plats cuisinés «maison» de très bonne qualité qui n'ont rien à voir avec les plats industriels gorgés de sel, de gras et de composants dont l'origine est incertaine.

Même chose pour le surpoids. La création d'une race d'individus décharnés, cadavériques comme ceux qui tapissent certaines revues n'a rien de réjouissant. L'apologie de la femme-os et de l'homme aux abdos en acier inoxydable n'est pas une solution à l'obésité morbide. La résolution du problème ne se trouve pas de ce côté.

Certaines conclusions s'imposent cependant à la lecture de tous ces chiffres et études : la sédentarité, le rythme de vie effréné, l'insomnie, la mauvaise alimentation sont dans l'ère du temps.

Prendre sa santé en main nécessite un peu d'efforts. Nous réussissons facilement à mettre à l'agenda des centaines de rendez-vous par année, mais les rendez-vous réels avec soi-même sont rarement inscrits à l'horaire. S'accorder du temps est devenu un luxe fou.

Ce livre n'a pas la prétention de devenir la bible qui vous permettra d'illuminer vos chemins de vie et de rendre vos chakras plus orangés. Les solutions sont multiples. Nous pouvons cependant affirmer franchement que prendre soin de son alimentation et réduire sa consommation de viande peuvent nous mettre sur la voie de la santé.

Dans son excellent livre *Anticancer*, David Servan-Schreiber mentionne un rapport du Fonds mondial de la recherche contre le cancer qui conclut que «40 % au moins des cancers peuvent être prévenus par de simples changements dans l'alimentation et l'activité physique». (9-10)

Servan-Schreiber recommande moins de 200 g de viande rouge par semaine. (9) Dans leur livre *Cuisiner avec les aliments contre le cancer*, Denis Gingras et Richard Béliveau parlent de l'importance des aliments de source végétale dans la lutte contre le cancer. Cet ouvrage hautement documenté met en lumière les dernières recherches sur les propriétés du monde végétal. (11)

Les études sur le lien entre les régimes hautement protéinés de viande et le cancer pullulent. Si ces études étaient adaptées au cinéma, nous aurions là une panoplie d'œuvres qui feraient frémir les amateurs de films d'horreur. Imaginons les titres : *Steak Cholestérol, le meurtrier cannibale* ; *Le BBQ toxique* ; *Overdose de nitrites à la maternelle* ; *Mister Bacon the 13th*, etc.

Pour un carnivore habitué à son *T-Bone* quotidien, ces études donnent le vertige. Inimaginable qu'une tranche de tofu blanc couché sur du brocoli à la vapeur soit déposé dans son assiette. Un amant d'os à la mœlle, de jarrets dodus et de rôtis de palettes braisés ne peut imaginer que des choux de Bruxelles remplaceront son os à gruger. De quoi pactiser avec le diable pour éviter un tel supplice.

Notre carnivore, que nous appellerons «Vinci Boy», peut-il changer quelques-unes de ses habitudes alimentaires carnivores ?

Allons-y avec un peu de coaching jovialiste : «Oui, mon Vinci Boy, t'es capable, toi, amoureux de ta viande comme un bébé de sa doudou. Oui, tu le peux, mais en y allant doucement, mon Vinci. Si ça fait 51 ans que tu manges du steak, des pétates pilées pis d'la salade avec du vinaigre... Ben commence par essayer une journée sans steak, pis une journée sans viande, juste une, pour le PLAISIR de découvrir d'autres genres de mastications, d'autres

genres de goûts... T'es pas obligé de faire un changement radical. T'es pas obligé de te lancer dans l'obsession alimentaire qui enlève le fun, pis le party quand on mange. Ça fait des millions d'années que l'homme chasse le quatre pattes, mon Vincy. Au début, avec une batte de baseball, pis ensuite avec un arc, pis plus tard avec un fusil. Pis souvent, il fallait que l'homme achève le quatre pattes à mains nues parce qu'il grouillait encore avec la flèche ou la balle dans l'front. Et à mains nues, tu vois les yeux d'la bête que tu tues. Mais maintenant, Vincy, on voit pu les yeux de Ti-Gus le bœuf ou de Ti-Proutte le veau. On les voit pu, parce que maintenant, les p'tites bêtes entrent par milliers à l'abattoir. Pis à l'abattoir, tout s'fait à la machine. Un, deux, trois, quatre, ma p'tite vache a mal... au cou. Y'a pu de face-à-face ultime, ce qui faisait qu'à l'époque la viande n'avait pas le même goût. Mon chum algonquin remercie la bête avant de la manger. Y fait une prière. Nous, c'est en croquant l'animal qu'on se demande ce qu'on a dans la bouche. On a le mangeage mécanique, mon Vincy. Bref, y'a moyen de diminuer un peu ta consommation de steak. Pis si tu persévères, ben un jour, à tes obsèques, tes enfants diront peut-être en lisant leurs éloges funèbres, que tu pratiquais le flexitarisme.»

le flexitarisme

Le flexitarisme est à l'alimentation ce que le Kama sutra est... à l'activité physique : souple !!! Bien que le flexitarien soit principalement végétarien, il ne dédaigne pas manger poissons, volailles, œufs et fromages. Sa consommation de viande rouge est occasionnelle. Le menu du flexitarien «pur» sera composé de 80 % d'aliments d'origine végétale. Son objectif est de goûter à des aliments du monde végétal savoureux, nutritifs qui nourriront ses cellules, sa curiosité et son PLAISIR.

Une autre particularité de ce mouvement né aux États-Unis est de responsabiliser le citoyen. En réduisant sa consommation de viande, le citoyen devient plus conscient des enjeux en santé publique et en environnement. Il devient un acteur, un agent de changement parce qu'il décide de ce qu'il aura dans son assiette. Le flexitarien a la curiosité de s'informer sur l'origine des produits qu'il mange. Pour ce qui est de la viande, il en mange moins, mais mieux. Il favorise l'achat de viande bio et est sensible aux principes liés à l'achat local. Le flexitarien est donc un peu transgenre. Il est beaucoup au végétal et un peu à l'animal.

MULTIPLIEZ
LES JOURNÉES VÉGÉ

Le mouvement des lundis sans viande est dans la lignée du flexitarisme. Le citoyen est invité à troquer une journée de protéines animales par des protéines végétales. En faisant ainsi ne serait-ce qu'une journée par semaine, le citoyen participe à l'éclosion d'une autre manière de vivre.

C'est à cette aventure que nous vous convions. Une fête pour que nos papilles s'éclatent dans l'allégresse. Le pouvoir de l'assiette pour révolutionner la santé de chacun des membres de nos familles.

l'assiette et l'environnement
Imaginez la scène

Un homme déprimé est assis en face de son psy. Sa chemise est imbibée de sueur. Son souffle est haletant.

— J'ai un drôle de… de…
— De ?
— De.. euh… de… *feeling.*

L'homme se tait, le psy attend. Silence de plomb interminable.

— Vous disiez que vous aviez un drôle de feeling…

Re-silence de plomb.

— Bon, je perçois un malaise qui vous habite. Est-ce relié à une dimension particulière de votre vie ?
— Oui…… C'est le tra, le trav, le trav, le travail…
— Je comprends. Que faites-vous dans la vie ?
— Je… je… je…
— Allez-y. Vous pouvez parler en toute confiance. Je suis là pour accueillir ce qui vous habite.
— Je suis inspecteur environnemental ! ! ! ! !
— Et puis, quel est le problème ?
— Le problème ? Le problème ? C'est qu'il y en a plein de problèmes… y'en a plein… partout, partout, partout ! Chus pu capable ! Pu cap…

Et l'homme tomba raide mort.

FIN

Ma plongée dans l'univers de la recherche environnementale m'a confirmé une chose : y faut être fort pour digérer toutes les informations négatives qui s'y trouvent. Lire sur les gaz à effet de serre (GES) avant de s'endormir, c'est comme passer une nuit dans un aquarium avec un piranha. Cauchemar assuré…

QUELQUES FAITS *

- Le secteur de l'élevage représente 40 % du PIB mondial. Il emploie 1,3 milliards de personnes.

- Les produits de l'élevage représentent un tiers de la consommation de protéines de la population mondiale.

- De 1999 à 2050, la production mondiale de viande doublera, passant de 229 millions à 465 millions de tonnes. La population bovine passera de 1,5 milliard à 2,6 milliards, les caprins et les ovins de 1,7 milliard à 2,7 milliards. Pour la même période, la production de lait passera de 580 millions de tonnes à 1 milliard 43 millions de tonnes.

- Aux États-Unis, l'élevage est responsable de 55 % de l'érosion, de 37 % des pesticides, 50 % des antibiotiques, 31 % du taux d'azote, de 33 % du phosphore dans les ressources d'eau.

- L'élevage occupe 70 % des terres agricoles et 30 % de la surface de la planète.

- En 2000, l'agriculture était responsable de 70 % de l'utilisation des ressources mondiales d'eau.

- 70 % des forêts amazoniennes déboisées servent maintenant de pâturages.

- L'Organisation mondiale de la santé estime que 75 % des nouvelles maladies sont d'origine animale.

- 80 % de la croissance de l'élevage est due à la production industrielle.

* La majorité des faits présentés sont tirés d'un rapport détaillé de la Food and Agriculture Organization (FAO) sur l'impact de l'élevage au niveau mondial publié en 2006 (12)

- L'élevage serait responsable de 18 % des gaz à effet de serre.

- Le poulet génère 24 fois moins de GES que le veau et 8 fois moins que le bœuf. (13)

- La production d'un kilo de bœuf crée 80 fois plus de GES qu'un kilo de blé. (13)

- Au Québec, les émissions du secteur de l'agriculture de 1990 à 2008 ont augmenté de 9,1 % (7,7 % en 2008). (12)

- Toujours au Québec, 32 % des émissions de GES sont causées par l'élevage et entre 13 et 15 % par la gestion du lisier. (15)

Joli portrait... Faut-il pour autant déclarer la guerre aux producteurs de viande et manifester en les traitant de gros jambons ? L'avalanche de chiffres est sidérante. Les enjeux complexes qu'ils soulèvent appellent au calme. Des tirs au bazooka pour décapiter le monde de l'élevage manqueraient de nuance. L'approche pragmatique est de mise.

L'érosion des sols, l'utilisation des engrais, des antibiotiques, des hormones de croissance, la gestion du fumier, les OGM, pour ne nommer que ceux-là, commandent une révolution du monde agricole. Pour diminuer l'empreinte écologique du secteur de l'élevage, une diminution de la consommation de viande est incontournable. Ça urge ! Les recherches le confirment, cultiver des produits d'origine végétale est beaucoup moins « coûteux » que d'élever des animaux. Mais les changements doivent être beaucoup plus profonds que de dire « Je suis maintenant végétarien. » La posologie doit être plus raffinée. La terre continue de tourner.

Est-il possible d'élever les animaux sans les empiler dans les parkings à bétail ? Est-il possible de les élever sans les bourrer de cocktails chimiques ? Est-il possible de les laisser courir en liberté ? De ne pas les gaver d'OMG et de leur éviter le mouroir après quelques jours d'existence ? Est-il possible de ralentir un peu la cadence de ce *fast-food* de la production animale ?

Pouvons-nous développer nos terres sans être à la merci d'empires industriels qui siphonnent la richesse de nos sols, qui les assèchent, les vident, qui concoctent des plans pour modifier les espèces, qui arrosent les champs de nuages de pesticides pour que leurs cotes boursières soient toujours plus élevées ? Pourrons-nous un jour éviter de manger du soya turquoise, du blé d'Inde rose pré-salé et des patates triangulaires pré-beurrées sans que des oreilles de lapin nous poussent sur la tête ? Que dire des nouvelles biotechnologies à la mode qui se cachent derrière la bonne conscience environnementale pour développer les agrocarburants ? Nous les entendons scanner leur hymne : « Après avoir extrait le pétrole, vidé le sous-sol, vidons maintenant le sol ! »

La FAO propose de nouvelles façons de faire l'agriculture. Les scientifiques attachés à leurs études prônent de nouvelles approches pour gérer les « déchets » agricoles, pour transformer les pratiques d'élevage.

Au Québec, il faut saluer le travail consciencieux des équipes de Nature Québec. Cet organisme sans but lucratif travaille à la protection de l'environnement et le développement durable. Aller naviguer sur leur site nous redonne un peu de cet espoir qui nous fait défaut. Ils accompagnent les agriculteurs dans la mise en place de nouvelles technologies pour vaincre les émissions de GES dans tout le cycle de vie agricole. L'utilisation d'énergies renouvelables, une meilleure gestion du lisier, l'utilisation d'engrais verts, le type de nourriture donné aux animaux, entre autres, sont intégrés à leurs stratégies durables. Leur projet « Vers des fermes zéro carbone » est un projet autour duquel le monde agricole doit se rallier. (15)

De son côté, l'Union paysanne du Québec monte la garde, réagit au monopole des géants de l'alimentation. Elle axe son travail sur la « souveraineté alimentaire », sur « des fermes à échelle humaine », sur « des pratiques agricoles respectueuses des sols, des animaux, de l'environnement et de la santé des humains. » (20) Rien à voir avec des empires comme Monsanto aux États-Unis qui badigeonnent les champs de trouvailles chimiques « high tech ».

La volonté de résoudre l'ensemble de la problématique agricole de façon globale est partagée par un grand nombre. Le mouvement est inexorable.

En choisissant une terre « zéro carbone », en respectant les hommes et les femmes qui ensemencent nos terres de façon durable, les légumes, les fruits et même la viande que nous choisirons de manger n'auront tout simplement pas le même goût.

En achetant là où l'origine des produits est sain, il y aura de l'avenir pour notre santé et celle de notre terre.

l'assiette et l'achat local
QUELQUES FAITS *

- 485 000 personnes travaillent dans l'industrie alimentaire au Québec : plus de 60 000 dans le secteur de l'agriculture et des pêcheries, environ 60 000 dans le secteur de la transformation, 360 000 dans les magasins alimentaires, les épiceries, les restaurants.

- En 2009-2010, le marché de la distribution alimentaire est partagé à 70 % entre Loblaws-Provigo, Métro, Sobeys-IGA (Métro étant la seule grande entreprise québécoise face aux deux autres géants).

- En 2009, le total des ventes alimentaires au Québec était de 23,1 milliards de dollars.

L'industrie alimentaire est gigantesque, colossale. Elle est basée sur un principe simple : les humains ont besoin de manger et de boire pour survivre. À partir de cet énoncé, projetons-nous dans le futur.

Si nous réussissions à traverser l'apocalypse que certains calendriers et corbeaux de malheur annoncent pour 2012, la planète comptera 9 milliards d'habitants en 2050... 9 milliards à partager la Terre. Avec tout le gaz à effet de serre qui flottera sur ces têtes, pas besoin d'être devin pour prédire que le réchauffement climatique entraînera la sécheresse de certains territoires et que les terres agricoles qui auront été épargnées seront convoitées. Elles auront la cote et une surenchère risque de propulser le prix des aliments vers des sommets vertigineux, au grand plaisir des spéculateurs en quête de bons *deals*. On prête déjà aux Chinois l'intention de prendre possession des terres chez

* La majorité des faits présentés sont tirés du site du MAPAQ.

nous pour satisfaire la demande de produits alimentaires que provoque leur titanesque explosion démographique. On ne peut que saluer leur flair.

Pendant qu'un hectare se vend 58 500 $ en Irlande, 12 500 $ en France, 6 600 $ en Pologne, il se donne ici pour 1 725 $. (17) La potentielle perte de ce patrimoine inestimable aux mains des étrangers, révélée dans les bulletins de nouvelles, a traumatisé plusieurs d'entre nous. Notre inconscient collectif a été touché. Les tribunes téléphoniques du pays ont été survoltées. La soupe *Won-Ton* est devenue aliment *non grata* pendant quelques jours. Il n'est pas présomptueux de dire que les pays qui se positionneront le mieux pour développer leurs terres, pour affronter les grands enjeux alimentaires deviendront des puissances incontournables.

Des stratégies de développement durable de nos terres agricoles doivent être mises en place pour les protéger, pour trouver des solutions aux réalités difficiles que vivent les agriculteurs, pour permettre à la relève de prendre le relais. Comme l'a déjà écrit si justement Gil Courtemanche dans *Le Devoir* : « L'agriculture, c'est en quelque sorte le sang du pays, l'alimentation, bien sûr, mais aussi l'occupation du territoire, la vie de village et des régions et finalement le dur travail d'hommes et de femmes qui persistent. » (18)

L'agriculture est un sujet tabou au Québec. Elle est essentielle, fondamentale, mais nous n'en parlons pas assez. Nous demeurons dans le romantisme agricole. L'air frais aux odeurs de trèfle et de doux sapinage, l'appel aphrodisiaque des bottes de foin, l'œuf dur du petit matin, une plongée nu dans l'étang près de l'étable. Et pourtant... Il y a tant à dire.

Comment pouvons-nous laisser les centres commerciaux, les entrepôts, les développements résidentiels et les autoroutes ravager 4 000 hectares de terres agricoles par année ? (19) Au début des années 60, il y avait 140 000 fermes au Québec. Il y en a aujourd'hui 26 000. (20)

Les fermes familiales disparaissent au profit des grandes entreprises agroalimentaires. Comment éviter que nos terres deviennent des usines à extraire des ressources ? Comment insuffler une nouvelle énergie aux régions ?

L'épuisement professionnel et le taux de suicide qui foudroient nos agriculteurs sont symptomatiques des drames qui se jouent sur nos fermes surendettées où le moindre profit sert à survivre. On fait quoi? On dit que ces problèmes sont illusoires? On accepte le modèle de développement agricole du Québec et le monopole du l'Union des producteurs agricoles comme ils sont? On vit d'espérance en souhaitant que le Rapport Pronovost — que la dernière commission sur l'avenir de l'agriculture a pondu — donne quelques fruits? (21)

En attendant que nos élus politiques aient le courage d'identifier et de solutionner véritablement les causes de la crise agricole pour que nos terres et les gens qui y consacrent leur vie soient mieux soutenus, que pouvons-nous faire pour être solidaires de nos agriculteurs?

La réponse est simple : ACHETONS CHEZ NOUS!!! Regroupons notre pouvoir d'achat chez nous. Accroître de 1 % les ventes locales créerait 1 800 emplois. (16). Si chaque Québécois ajoutait pour 30 $ d'aliments québécois à son panier d'épicerie par année, cela générerait 1 milliard de dollars d'achats sur cinq ans. (16)

Si, collectivement, nous prenons conscience de l'extraordinaire pouvoir de l'achat, si nous réalisons que le simple fait de sortir une piastre de nos poches pour acheter des produits québécois peut jouer un rôle dans notre développement collectif, nous nous réapproprions la fierté de construire avec et pour les nôtres.

«Acheter c'est voter» dit intelligemment Laure Waridel. (22) Alors, regroupons nos voix en achetant chez nous, en choisissant à qui profitera la croissance. Imaginons un grand mouvement populaire qui nous rassemblerait dans toutes les villes et tous les villages du Québec. Imaginons cette solidarité enflammer nos pas de gauche ou de droite, de droite ou de gauche. Imaginons une force tranquille, irréversible en marche vers la repossession du territoire.

Le pouvoir de l'assiette...

BON APPÉTIT!

●

références

1   OCDE, *L'obésité et l'économie de la prévention*, www.œcd.org/sante/objectifsante.

2   www.œcd.org/health/chronicdisease.

3   *Le grand mal de l'obésité*, scriban.wordpress.com.

4   Agence de la santé publique, *Obésité au Canada/ Aperçu*, juin 2009.

5   Coalition québécoise sur la problématique du poids, www.cqpp.qc.ca.

6   DUCHAINE, Gabrielle, *L'obésité chez les jeunes explose au Québec*, 2 juin 2009, ruefrontenac.com.

7   DEGLISE, Fabien, «Finis les repas à table», *Le Devoir*, 11 décembre 2010.

8   toutlemondeatable.org

9   SERVAN-SCHREIBER, David, *Anticancer*, Robert Laffont, Paris, France.

10 World Cancer Research Fund, *Food, Nutrition and Prevention of Cancer : A Global Perspective*, 2007, w.c.r.fa.a.l.r.o.cancer Editor, Londres.

11 BÉLIVEAU, Richard, Denis GINGRAS, *Cuisiner avec les aliments contre le cancer*, 2006, Trécarré, Montréal.

12 STEINFELD, Henning, Pierre GERBER, Tom WASSENAAR, Vincent CASTEL, Mauricio ROSALES, Cees DE HAAN, *Livestock Long Shadow*, 2006 LEAD, FAO. (Version française : *L'ombre portée de l'élevage*).

13 Institut bruxellois pour la gestion de l'environnement, *10 conseils pour économiser de l'énergie*, www.bruxellesenvironnement.be.

14 *Inventaire québécois des émissions de gaz à effet de serre en 2008 et leur évolution depuis 1990*, Direction des politiques de la qualité de l'atmosphère, novembre 2010, développement durable, environnement et Parcs Canada.

15 *Vers des fermes zéro carbone*, Nature Québec, conservons@naturequebec.org.

16 *Le Québec dans votre assiette*, www.mapaq.gouv.qc.ca

17 *Les terres québécoises attirent les Chinois*, reportage de Julie Perreault, www.radio-Canada.ca.

18 COURTEMANCHE, Gil, «L'ADN de la Révolution tranquille», *Le Devoir*, 4 décembre 2010.

19 CARDINAL, François, «Terres agricoles à vendre», *La Presse*, 9 juin 2010.

20 www.unionpaysanne.com

21 *Rapport Pronovost*, février 2008, www.caaaq.gouv.ca.

22 WARIDEL, Laure, *Acheter c'est voter*, 2002, Montréal, Écosociété, Équiterre.

LE SOYA

POUR UN EFFET BŒUF

—

LE SOYA : UNE SUPER LÉGUMINEUSE

— par Isabelle Huot
docteure en nutrition —

Le soya est un aliment qui représente une source intéressante de protéines pour remplacer la viande. En plus des protéines, il fournit de précieux éléments nutritifs, des fibres et des isoflavones, qui sont des composés agissant dans l'organisme un peu comme les œstrogènes. De nombreuses études ont tenté d'élucider les bienfaits des isoflavones. Il semble qu'ils pourraient, en concentration élevée, alléger certains symptômes de la ménopause et qu'ils favoriseraient la santé du cœur et la prévention de certains cancers.

Bien que sa popularité soit relativement récente au Québec, le soya est un aliment consommé depuis fort longtemps dans certaines cultures. Les Asiatiques le connaissent et en consomment depuis des millénaires !

qu'est-ce que le soya?
Le soya est une légumineuse. Il pousse donc comme un haricot dans une gousse. Chacune contient quelques fèves de soya. Comme toutes les légumineuses, le soya est riche en fibres et en une panoplie de vitamines, de minéraux et de composés bénéfiques. De plus, les protéines du soya sont plus «complètes» que celles des autres légumineuses (c'est-à-dire qu'elles sont moins déficientes en méthionine, un acide aminé, que d'autres légumineuses peuvent l'être).

les vertus du soya
Dans les dernières années, de multiples vertus ont été accordées au soya. Tandis que certaines s'avèrent réelles, d'autres sont encore controversées, ce qui suscite bon nombre de questionnements chez les consommateurs.

LE SOYA ET LA SANTÉ DU CŒUR

Dans un premier temps, on a pensé que la protéine de soya pouvait avoir un effet positif sur le taux de cholestérol, et donc sur la santé du cœur. Or il semble que cet effet soit réel, mais plutôt modeste. Concrètement, si le soya a bel et bien sa place dans une alimentation cardio-protectrice, c'est que si l'on remplace la viande (renfermant des gras saturés) par du soya qui fournit de bons gras monoinsaturés et polyinsaturés (dont des oméga-3), on améliore la qualité nutritive de l'alimentation.

Le soya semble avoir des effets bénéfiques pour la santé du cœur par d'autres mécanismes (tels qu'un effet protecteur sur les vaisseaux, propriétés anti-inflammatoires, etc.). Bref, par ces mécanismes, par ses protéines et par ses bons gras (en remplacement des gras animaux), le soya a sa place dans une alimentation préventive pour la santé cardiaque.

LE SOYA ET LE CANCER DU SEIN

Si le soya a connu une si grande popularité ces dernières années, c'est entre autres grâce à ses phytœstrogènes. Des chercheurs ont observé que les femmes asiatiques souffraient moins de cancer du sein que les Nord-Américaines. Le soya, grandement consommé en Asie, pourrait contribuer à expliquer, du moins en partie, cette incidence. Des chercheurs s'étant penchés sur le phénomène ont observé qu'il semble y avoir une véritable protection du soya contre le cancer du sein (pouvant aller jusqu'à une réduction de 50 % du risque) lorsque le soya est intégré dans l'alimentation des jeunes filles dès l'enfance ou l'adolescence, comme c'est le cas chez les Asiatiques. Même à l'âge adulte, les femmes ont tout à gagner à intégrer le soya à l'alimentation. Bien que plus modeste, un effet protecteur aurait aussi été observé chez les consommatrices de soya par rapport à des femmes qui n'en consommaient pas. Il semble que 10 à 20 mg d'isoflavones par jour sous forme de soya alimentaire ait effectivement été associé à un risque plus faible de développer un cancer du sein chez la femme adulte en santé. Cet effet serait plus marqué chez la femme pré-ménopausée.

comment obtenir 20 mg d'isoflavones de source alimentaire?
- 30 ml (environ 2 c. à soupe) d'edamame (fèves de soya fraîches).
- 100 g (3,5 oz) de tofu régulier.
- 125 à 175 ml (½ à ¾ tasse) de boisson de soya.
- 125 ml (½ tasse) de yogourt de soya.

Il a aussi été véhiculé que le soya ne serait pas bénéfique pour les femmes ayant une histoire de cancer du sein. Bien que les suppléments d'isoflavones ne soient pas conseillés, aucune étude n'a démontré qu'une consommation modérée de soya pouvait avoir un effet sur les récidives de cancer du sein. Les amatrices de soya peuvent donc consommer un repas de tofu ou encore un verre de boisson de soya sans se préoccuper des conséquences.

LE SOYA ET LA MÉNOPAUSE

Une information avançant que le soya était efficace pour réduire les bouffées de chaleur a été largement diffusée... Toutefois, il semble que le soya ne soit pas aussi efficace que certains le prétendent. D'une part, les études présentent des résultats contradictoires. D'autre part, il semble que les effets bénéfiques observés l'aient été avec des doses quotidiennes relativement élevées d'isoflavones de soya (allant de 70 à 100 mg). Enfin, les effets peuvent être variables d'une femme à l'autre.

LE SOYA ET LA SANTÉ DES OS

La consommation de soya semble aussi avoir un effet protecteur sur la santé des os en aidant à limiter la perte osseuse. Des études supplémentaires seront toutefois nécessaires pour mieux connaître et comprendre le phénomène.

mille et un produits de soya

Les produits de soya ne cessent de se multiplier, si bien qu'il est facile de l'intégrer à son alimentation! Le soya est un aliment que l'on retrouve sous diverses formes. Il existe des produits pour tous les goûts et si le tofu n'a pas gagné le cœur de tous, certains autres produits passeront le test auprès de toute la famille. C'est notamment le cas des recettes de Jérôme qui rendent le soya et le tofu si appétissant!!

BOISSONS DE SOYA

Nature ou aromatisées, les boissons de soya s'intègrent facilement à l'alimentation quotidienne puisqu'elles peuvent remplacer le lait dans toutes les recettes : chocolat chaud, pouding au riz, tapioca, crêpes, soupes, muffins, etc.

et la surpêche! on s'en fiche?

TOFU

Trop de gens sont rebutés par le tofu, qui est en quelque sorte un fromage végétal. Pourtant, il en existe différents types de textures et de saveurs. On peut le mariner, le griller, le sauter, l'ajouter aux soupes, l'apprêter en dessert, en faire des *smoothies* et le cuisiner de mille et une autres manières. Il passe même inaperçu dans la sauce à spaghetti! Le tofu prend le goût des ingrédients avec lesquels on le marie. Pas de raison de le bouder!

EDAMAME

L'edamame est la fève de soya fraîche, cueillie avant maturité. Ces fèves de soya s'achètent surgelées et s'utilisent aussi facilement que des légumes congelés : on les fait bouillir 4 à 5 minutes et c'est prêt à être savouré tel quel ou ajouté aux soupes, aux sautés, aux salades, etc. Même refroidis, en collation avec un peu d'huile d'olive et de fleur de sel, ils sont délicieux!

CROUSTILLES DE SOYA

Il existe sur le marché de petites croustilles de soya aux saveurs variées qui fournissent de bonnes quantités de protéines et qui sont faibles en gras.

MISO

Le miso est une pâte de soya fermentée largement consommée en Asie. On peut en faire de savoureux bouillons à utiliser à toutes les sauces.

FÈVES DE SOYA GRILLÉES

Ces petites fèves, nature ou aromatisées, sont délicieuses, riches en protéines et moins grasses que certaines noix! Idéales à la collation!

DESSERTS DE SOYA

On trouve depuis quelques années sur le marché des desserts à base de soya comme des mousses et des crèmes. Ces desserts de soya peuvent être d'intéressantes variantes au yogourt!

On peut aussi découvrir des yogourts de soya, des fromages de soya, des desserts glacés à base de soya et plus encore!

•

NAVARIN DE TOFU CITRONNÉ
AUX PETITS LÉGUMES

—

préparation 35 min
cuisson 45 min

4 à 6 portions

●

875 ml (3 ½ tasses) de bouillon
de légumes

125 ml (½ tasse) de carottes,
en dés

125 ml (½ tasse) de navet, en dés

125 ml (½ tasse) de fèves de soya
(edamame)

125 ml (½ tasse) de pois chiches
cuits ou en conserve

125 ml (½ tasse) de courgettes,
en dés

250 ml (1 tasse) de tofu ferme,
en dés

1 filet d'huile d'olive

Jus de 2 citrons

30 ml (2 c. à soupe) de beurre

Sel et poivre

15 ml (1 c. à soupe) d'estragon
frais, haché

Dans une grande poêle, verser le bouillon de légumes et porter à ébullition. Y plonger les carottes et le navet. Cuire pendant 2 à 3 minutes.

Ajouter les fèves de soya, les pois chiches, les courgettes et le tofu. Laisser mijoter à feu moyen pendant 8 à 10 minutes. Verser l'huile d'olive sur la préparation puis porter à ébullition. Incorporer le jus de citron et le beurre puis laisser réduire 3 à 4 minutes jusqu'à l'obtention d'un jus épais. Assaisonner.

Servir dans une assiette creuse et saupoudrer, au dernier moment, d'estragon.

Un plat exquis pouvant être élaboré toute l'année avec les légumes de saison. Avec les légumineuses seules, c'est tout aussi excellent ! Les fèves de soya (edamame) s'achètent dans la section des surgelés des épiceries.

●

les fines herbes ont-elles
une valeur nutritive ?
Tout à fait. En plus d'être dépourvues de sodium, elles ont en plus le mérite d'être riches en antioxydants. On gagne à les mettre au menu plus souvent !

QUICHE AU FROMAGE DE CHÈVRE, BROCOLI ET TOFU

---

préparation 30 min
cuisson 30 min

4 à 6 portions

•

1 brocoli, en petits bouquets

250 ml (1 tasse) de fromage de chèvre frais

500 ml (2 tasses) de crème 15 %

2 œufs

Sel et poivre

1 abaisse de pâte brisée

180 ml (⅔ tasse) de tofu aux légumes
(ou nature), en petits dés

Préchauffer le four à 230 °C (450 °F).

Dans une casserole d'eau bouillante salée, cuire le brocoli pendant 5 minutes. Plonger ensuite dans de l'eau glacée pour stopper la cuisson.

Dans un bol à mélanger, écraser le fromage de chèvre. Ajouter la crème et les œufs, saler et poivrer.

Foncer la pâte à tarte dans un moule. Y déposer le brocoli et l'appareil au chèvre. Parsemer les dés de tofu sur la surface.

Cuire au four environ 30 minutes.

Excellent servi chaud ou froid accompagné d'une petite salade frisée aux graines de tournesol.

•

POÊLÉE DE SHIITAKES AU TOFU ET SAUCE SOYA

---

préparation 10 min
cuisson 20 min

4 à 6 portions

•

500 ml (2 tasses) de champignons shiitake,
en quartiers

1 filet d'huile d'olive

500 ml (2 tasses) de tofu ferme, en cubes

1 oignon, ciselé

250 ml (1 tasse) de fèves de soya (edamame)

125 ml (½ tasse) de petits pois

60 ml (¼ tasse) de sauce soya

15 ml (1 c. à soupe) de miel

2 gousses d'ail, hachées

30 ml (2 c. à soupe) de graines de sésame

Sel et poivre

Dans une poêle, faire revenir les champignons dans l'huile d'olive. Incorporer le tofu puis l'oignon.

Une fois la préparation cuite, incorporer les fèves de soya et les petits pois. Déglacer le tout avec la sauce soya et le miel. Ajouter l'ail ainsi que les graines de sésame. Saler et poivrer.

Cette recette peut être servie seule ou accompagnée d'un riz au jasmin.

•

Soya

SALADE DE SOYA À L'ESTRAGON, AU PAMPLEMOUSSE ET AUX NOIX DE CAJOU

—

préparation 15 min
cuisson 10 min

4 à 6 portions

●

250 ml (1 tasse) de tofu ferme, coupé en cubes

1 filet d'huile d'olive

15 ml (1 c. à soupe) de beurre d'arachide

45 ml (3 c. à soupe) de sauce soya

750 ml (3 tasses) de fèves germées
(germes de soya)

1 pamplemousse

80 ml (⅓ tasse) de noix de cajou grillées,
concassées

Sel et poivre

30 ml (2 c. à soupe) d'estragon, haché

Dans une poêle, faire revenir le tofu dans l'huile d'olive. À légère coloration, ajouter le beurre d'arachide et remuer. Verser la sauce soya et incorporer les fèves germées.

Peler à vif le pamplemousse et retirer les suprêmes à l'aide d'un petit couteau.

Dans un bol, déposer le sauté de soya. Ajouter les suprêmes et les noix de cajou. Assaisonner de sel et de poivre et terminer avec l'estragon frais. Mélanger avant de servir.

●

GALETTES DE TOFU PANÉES AUX GRAINES DE SÉSAME GRILLÉES

—

préparation 25 min
cuisson 20 min

4 à 6 portions

●

2 paquets de tofu ferme d'environ 300 g
(⅔ lb) chacun

45 ml (3 c. à soupe) de graines
de sésame blanches

45 ml (3 c. à soupe) de graines de sésame noires

30 ml (2 c. à soupe) de beurre

Huile d'olive ou de sésame grillé

Sel et poivre

Couper le tofu en 6 galettes.

Dans une poêle chaude, sans matière grasse, placer les deux sortes de graines de sésame. Bien remuer. Une fois les graines grillées, retirer et placer dans une assiette.

Enrober les galettes de tofu de graines de sésame grillées.

Dans une poêle chaude, faire revenir les galettes dans le beurre et l'huile à feu doux 5 minutes de chaque côté. Assaisonner.

Servir avec une salade de mesclun. Confectionner une vinaigrette classique et incorporer 5 ml (1 c. à thé) d'huile d'amande.

Si le sésame se détache du tofu pendant la cuisson, c'est que la poêle n'est pas assez chaude.

●

SAUTÉ DE TOFU, TAMARI ET GERMES BRAISÉS

préparation 25 min
cuisson 35 min

4 à 6 portions

●

1 paquet de tofu ferme aux légumes ou aux herbes d'environ 300 g (⅔ lb), en cubes

15 ml (1 c. à soupe) de beurre

1 filet d'huile d'olive

250 ml (1 tasse) de fèves germées (germes de soya)

30 ml (2 c. à soupe) de sauce tamari

5 ml (1 c. à thé) de sauce à l'harissa

15 ml (1 c. à soupe) de graines de sésame

30 ml (2 c. à soupe) de vinaigre de riz

Sel et poivre

Dans une poêle chaude, faire revenir le tofu dans le beurre et l'huile d'olive.

Ajouter les fèves germées dans la poêle et faire sauter. À la fin, dans la poêle encore chaude, ajouter la sauce tamari, la sauce à l'harissa, le sésame et le vinaigre de riz. Assaisonner de sel et de poivre. Remuer. Servir.

Cette préparation servie sur une salade de bébé épinards accompagnée d'œufs de caille, c'est extra.

●

Tofu blé d'inde patate...

ESCALOPE DE TOFU À LA MILANAISE

préparation 40 min
cuisson 10 min

4 à 6 portions

●

2 paquets de 150 g (⅓ lb) de tofu ferme

3 œufs

Sel et poivre

250 ml (1 tasse) de chapelure

15 ml (1 c. à soupe) de beurre

1 filet d'huile d'olive

Jus de 1 citron

Couper les blocs de tofu en 3 dans le sens de la longueur.

Dans un bol à mélanger, casser les œufs, assaisonner et battre à l'aide d'un fouet.

Dans une assiette, mettre la chapelure. Plonger le tofu dans l'œuf battu puis dans la chapelure.

Dans une poêle, dorer les tranches de tofu panées sur les 2 côtés dans le beurre et l'huile d'olive. Déposer les tranches de tofu sur un papier absorbant.

Arroser les escalopes de tofu de jus de citron. Servir.

Pour ajouter une touche fromagère au plat, on peut ajouter 125 ml (½ tasse) de parmesan râpé à la chapelure.

●

Soya

ROULEAUX DE PRINTEMPS
AUX GERMES DE SOYA
ET TOFU

———

préparation 30 min
cuisson 15 min

4 à 6 portions

●

250 ml (1 tasse) de fèves germées
(germes de soya)

1 filet d'huile d'olive

250 ml (1 tasse) de tofu ferme,
en petits cubes

250 ml (1 tasse) de vermicelles
de riz cuits

15 ml (1 c. à soupe) de gingembre
confit, émincé

125 ml (½ tasse) de marinade aux
arachides et beurre d'arachide
(voir recette p. 169)

Sel et poivre

8 à 12 feuilles de riz d'environ
22 cm (9 po) de diamètre

Feuilles de menthe fraîche

un enfant peut-il suivre un
régime végétarien sans nuire
à sa croissance?
Un enfant peut suivre un régime
végétarien équilibré et avoir une
croissance optimale. Par contre, les
régimes végétaliens (sans aucun
produit d'origine animale) peuvent
exposer le jeune à une carence en
nutriments qui peut affecter sa
croissance. Une consultation avec
un nutritionniste est préconisée dans
ce cas afin de s'assurer que tous les
besoins sont comblés!

Dans une poêle bien chaude, faire revenir les
fèves germées dans l'huile d'olive. Ajouter le
tofu. À coloration, incorporer les vermicelles,
le gingembre puis la marinade aux arachides et
beurre d'arachide. Assaisonner de sel et de poivre.
Laisser refroidir.

Dans un grand bol rempli d'eau tiède, tremper
complètement les feuilles de riz une à une puis
les déposer séparément sur un linge humide à plat
sur le plan de travail.

Placer 1 ou 2 feuilles de menthe au centre de
chaque galette de riz. Déposer une portion
équivalente à 60 ml (¼ tasse) de la préparation de
soya et tofu bien refroidie. Replier les extrémités
de galettes et les enrouler. Réserver au frais.

Au moment de servir, prévoir un petit pot de
marinade aux arachides et beurre d'arachide pour y
tremper les rouleaux.

Servi avec une petite salade cresson, c'est tout
simplement divin.

Pour rehausser les saveurs, ajouter un
peu de gindembre et de coriandre.

●

FLAN DE CAROTTES
ET COURGETTES
AU TOFU SOYEUX

━━

préparation 30 min
cuisson 55 min

4 à 6 portions

●

5 carottes, en tranches

2,5 ml (½ c. à thé) de curry

2 filets d'huile d'olive

3 courgettes, en dés

6 œufs

250 ml (1 tasse) de tofu soyeux

Sel et poivre

Préchauffer le four à 190 °C (375 °F).

Dans une casserole, faire revenir les carottes et le curry dans un filet d'huile d'olive. Ajouter de l'eau un peu plus qu'à hauteur. Cuire 20 minutes. Égoutter et mixer les carottes à l'aide d'un mélangeur à mains pour en faire une purée.

Entre-temps, dans une poêle, faire revenir les courgettes à coloration dans un filet d'huile d'olive.

Dans un bol à mélanger, placer la purée de carottes, les œufs et le tofu. Ajouter les dés de courgettes. Assaisonner et remuer doucement.

Verser la préparation dans des petits ramequins individuels ou un moule. Cuire au four pendant 25 à 30 minutes.

Démouler et servir ou déguster à même les ramequins.

Pour une préparation plus festive, préparer une soupe de carottes au gingembre ou à l'écorce d'orange. Déposer le flan de carotte au centre d'une assiette creuse et verser la soupe tout autour.

●

Les végétariens mangent aussi de la poutine...

OMELETTE MÉDITERRANÉENNE AU TOFU

—

préparation 20 min
cuisson 15 min

4 à 6 portions

●

Tapenade d'olives

30 ml (2 c. à soupe) d'olives
noires, hachées

5 ml (1 c. à thé) de câpres,
hachées

1 filet d'huile d'olive

Omelette

12 œufs

Sel et poivre

1 courgette, en dés

250 ml (1 tasse) de tofu ferme
aux herbes, en cubes

2 filets d'huile d'olive

30 ml (2 c. à soupe) de tapenade
d'olives

10 feuilles de basilic, hachées

12 tomates cerises, coupées en 4

1 noisette de beurre

Préparer la tapenade. Dans un bol, mettre les olives noires avec les câpres. Mixer à l'aide d'un mélangeur à main. Incorporer l'huile d'olive. Mixer à nouveau.

Préparer l'omelette. Dans un bol à mélanger, casser les œufs et bien les battre à l'aide d'un fouet. Assaisonner.

Dans une poêle, faire revenir la courgette et le tofu avec un filet d'huile d'olive.

Incorporer le mélange de courgettes et tofu aux œufs battus. Ajouter la tapenade et le basilic.

Dans une poêle bien chaude, mettre la noisette de beurre et un filet d'huile d'olive puis ajouter la préparation.

Cuire l'omelette à feu doux et ajouter les tomates. Rouler et servir.

Peut accompagner merveilleusement une salade grecque. Cette omelette peut être transformée en frittata. Il suffit de mettre la préparation dans un plat et cuire au four à 180 °C (350 °F) pendant 10 à 15 minutes.

●

LES LÉGUMINEUSES

UN APPORT DE POIDS
DANS VOS MENUS

—

LES LÉGUMINEUSES : UN MUST DANS NOS MENUS

— par Isabelle Huot
docteure en nutrition —

Intégrer les légumineuses dans nos menus de flexitarien est un *must*. Peu d'aliments possèdent autant d'avantages nutritionnels à si faibles coûts.

des bienfaits de taille !

Sèches ou en conserve, les légumineuses sont pauvres en gras, riches en fibres tout en procurant des vitamines du complexe B ainsi qu'une foule de minéraux. Elles peuvent très bien servir de substituts à la viande grâce à leur teneur élevée en protéines... et elles sont plus écologiques ! En fournissant des glucides et des protéines, les légumineuses donnent une bonne dose d'énergie. Des études ont associé une consommation régulière de légumineuses à divers effets bénéfiques sur la santé tels qu'un meilleur contrôle du diabète, une diminution du risque de maladies cardiovasculaires et du cancer colorectal.

On s'assure donc d'en faire provision en conservant en tout temps au garde-manger des légumineuses sèches (notamment des lentilles qui cuisent rapidement) et d'autres en conserve. Voilà de quoi composer un repas santé en un tour de main !

cinq légumineuses vedettes

FÈVES ROUGES

La couleur rouge foncé de cette légumineuse révèle une richesse en anthocyanines, des pigments antioxydants reliés à la réduction de certains cancers. Les fèves rouges sont une des rares légumineuses à être une source de vitamine E et on les compte parmi celles qui sont les plus riches en fibres. En plus, elles contribuent grandement à notre apport en fer car une portion de 175 ml (¾ tasse) procure 22 % de nos besoins journaliers. On conseille de toujours accompagner les sources de fer végétales de sources de vitamine C comme des poivrons ou des oranges pour en faciliter l'absorption. Les haricots rouges possèdent aussi une grande capacité à absorber les saveurs et à garder leur forme après une longue cuisson ce qui les rendent idéales pour les plats mijotés comme les chilis, la sauce à spaghetti ou les soupes. On peut même utiliser des fèves rouges en purée dans des recettes de biscuits et muffins, question de rehausser leur teneur protéique.

LENTILLES

En plus d'être la plus digeste des légumineuses, la lentille est la variété qui renferme le plus de protéines. Elle offre une excellente valeur nutritive. En fait, une portion de 175 ml (¾ tasse) fournit 66 % de nos besoins quotidiens en folates, 38 % en phosphore, 27 % en fer, 20 % en potassium et en vitamine B6 et 17 % en niacine. En plus, elles renferment des flavonoïdes qu'on associe à une diminution du risque de maladies cardiovasculaires. Les femmes enceintes ont tout avantage à les inclure plus souvent au menu grâce à leur contenu en folates, un élément important à consommer en grande quantité pour éviter les anomalies du tube neural. On peut utiliser les lentilles dans les recettes de pâté chinois et de tourtières pour revamper ces classiques, pour épaissir les potages et même pour cuisiner des barres tendres maison.

POIS CHICHES

Plus connus, les pois chiches sont particulièrement polyvalents. Bien qu'ils soient les plus caloriques des légumineuses et qu'ils renferment plus de gras que la plupart de celles-ci, ils contiennent plus de zinc, de manganèse, de cuivre et de séléniumin On retrouve aussi, dans une seule portion, 50 % des besoins quotidiens en folates et 29 % en phosphore. Pour une collation croquante autre que les croustilles et le maïs soufflé, on peut faire rôtir les pois chiches au four sur une plaque à feu moyen durant près d'une heure. Aromatisés avec de l'ail et du curcuma, ils deviendront croquants à souhait et seront délicieux servis en hors-d'œuvres au côté des noix rôties.

GOURGANES OU FÈVES DES MARAIS

Tout le monde connaît la fameuse soupe aux gourganes du Lac St-Jean! Cette recette a grandement contribué à faire connaître cette légumineuse au Québec. C'est une des variétés de légumineuses les plus faibles en calories, en matières grasses et en glucides. De 11 % à 15 % des fibres contenues dans la fève des marais se présentent sous formes solubles, les autres étant insolubles. Les fibres solubles aident au contrôle du taux de cholestérol et de la glycémie et les fibres insolubles contribuent à un bon transit intestinal. Certaines recherches ont même associé la consommation des fèves des marais à une diminution des symptômes de la maladie de Parkinson. Dans une des études, il était précisé que la consommation de 250 g de gourganes au repas permettait de prolonger la période où le médicament était actif. On a obtenu cette association grâce à son contenu en lévodopa (L-DOPA), un des constituants des médicaments contre le Parkinson. Combinée à la médication, la consommation de gourganes aurait un effet positif sur la maladie. Bien que préliminaires, ces résultats nous donnent une raison de plus pour intégrer les gourganes plus souvent à notre alimentation!

FÈVES NOIRES

Cette légumineuse contient les mêmes types d'anthocyanes que celles retrouvées dans les fèves rouges, ce qui contribue à notre apport en antioxydants. C'est une des légumineuses qui renferme le plus de fibres, de vitamine B1 et de magnésium. On associe souvent le calcium à la prévention de l'ostéoporose, mais le magnésium est un autre minéral particulièrement important pour la santé de nos os et de nos dents. Traditionnellement, cette légumineuse s'apprête en purée dans les enchiladas, les burritos et les frijoles. Délicieuse dans les soupes et salades, on peut aussi mettre une touche d'exotisme dans notre riz ou dans nos tortillas en l'incorporant dans nos recettes.

●

mieux digérer les légumineuses

Pour éviter les ballonnements et flatulences associés à la consommation de légumineuses, on peut mettre en pratique certains trucs.

- Bien rincer les légumineuses en conserve.
- Augmenter graduellement la consommation de légumineuses.
- Décaler la prise du dessert d'au moins une heure quand des légumineuses sont consommées.
- Ajouter de l'epazote (herbe traditionnellement utilisée dans la cuisine mexicaine que l'on peut trouver dans les marchés publics et les épiceries mexicaines) à vos recettes.
- Consommer des probiotiques tous les jours pour diminuer les ballonnements.

LÉGUMINEUSES + CÉRÉALES = PROTÉINES COMPLÈTES

SAUTÉ DE FÈVES NOIRES À LA CORIANDRE ET AUX OLIVES

—

trempage 2 h
préparation 20 min
cuisson 35 min

4 à 6 portions

●

750 ml (3 tasses) de fèves noires

½ oignon, haché

1 filet d'huile d'olive

2 tomates, en morceaux

125 ml (½ tasse) d'olives vertes et
noires, dénoyautées

60 ml (¼ tasse) de vin blanc

500 ml (2 tasses) de coulis de tomates

Sel et poivre

30 ml (2 c. à soupe) de coriandre, hachée

Dans un bol à mélanger, déposer les fèves noires.
Couvrir d'eau et laisser tremper pendant environ
2 heures.

Dans une grande casserole d'eau bouillante salée,
cuire les fèves noires.

Dans une poêle, faire revenir l'oignon dans l'huile
d'olive. Ajouter les tomates et les olives. Remuer
et déglacer avec le vin blanc. Verser le coulis
de tomates, assaisonner de sel et de poivre.
Incorporer les fèves noires et laisser mijoter à feu
doux pendant 15 minutes. Servir dans un grand plat
et parsemer de coriandre fraîche.

●

LENTILLES VERTES AUX CAROTTES CONFITES ET CURCUMA

préparation 35 min
cuisson 45 min

4 à 6 portions

●

2 carottes, en rondelles

125 ml (½ tasse) de miel

60 ml (¼ tasse) de vinaigre balsamique

2 échalotes françaises, ciselées

1 filet d'huile d'olive

30 ml (2 c. à soupe) de pâte de tomate

180 ml (⅔ tasse) de tomates concassées
en conserve

375 ml (1 ½ tasse) de lentilles vertes cuites
ou en conserve

5 ml (1 c. à thé) de curcuma

Sel et poivre

Dans une poêle, colorer les carottes dans le miel
et le vinaigre balsamique. Recouvrir à hauteur avec
de l'eau et terminer la cuisson à feu moyen jusqu'à
quasi-évaporation du liquide.

Dans une poêle, faire revenir les échalotes dans
l'huile d'olive et incorporer la pâte de tomate.
Remuer et ajouter les tomates concassées.
Déposer les lentilles vertes ainsi que les carottes
confites. Recouvrir à hauteur avec de l'eau. Ajouter
le curcuma. Assaisonner. Cuire à feu doux environ
15 minutes.

Pourquoi ne pas utiliser des lentilles
de plusieurs couleurs?

●

Légumineuses

MINESTRONE
AUX LÉGUMINEUSES

—

préparation 30 min
cuisson 45 min

4 à 6 portions

●

1 oignon, émincé

3 gousses d'ail, hachées

1 filet d'huile d'olive

2 carottes, en petits dés

30 ml (2 c. à soupe) de pâte de tomate

3 tomates fraîches, en morceaux

2 branches de céleri avec feuilles, émincées

180 ml (⅔ tasse) de haricots blancs cuits
ou en conserve

180 ml (⅔ tasse) de haricots rouges cuits
ou en conserve

125 ml (½ tasse) de pois chiches cuits
ou en conserve

125 ml (½ tasse) de haricots noirs cuits
ou en conserve

60 ml (¼ tasse) de lentilles vertes cuites
ou en conserve

2,5 l (10 tasses) de bouillon de légumes

Sel et poivre

250 ml (1 tasse) de riz

1 courgette, en petits dés

1 botte de basilic frais, haché

Parmesan râpé, au goût

Dans une grande casserole, faire revenir l'oignon
et l'ail dans l'huile d'olive. Ajouter les carottes.
Remuer. Incorporer la pâte de tomate et les
tomates. Ajouter le céleri et les légumineuses.

Verser le bouillon de légumes. Saler et poivrer.
Après 15 minutes, incorporer le riz et les courgettes
et laisser mijoter 20 minutes à feu doux. Au moment
de servir, parsemer la minestrone de basilic haché
et de parmesan râpé. Servir chaud.

●

RAGOÛT DE GOURGANES
À LA PROVENÇALE

—

trempage 2 h
préparation 20 min
cuisson 40 min

4 à 6 portions

●

500 ml (2 tasses) de gourganes

1 courgette, en fines rondelles

3 cœurs d'artichauts cuits, émincés

1 filet d'huile d'olive

1 échalote française, ciselée

2 gousses d'ail, hachées

Sel et poivre

1 pincée d'origan

250 ml (1 tasse) de coulis de tomates

Dans un bol à mélanger, déposer les gourganes.
Couvrir d'eau et laisser tremper pendant environ
2 heures.

Dans une grande casserole d'eau bouillante salée,
cuire les gourganes.

Dans une poêle, faire revenir les courgettes et les
cœurs d'artichauts dans l'huile d'olive. Ajouter
l'échalote et l'ail. Assaisonner de sel et de poivre
et parfumer avec l'origan. Verser le coulis de
tomates, incorporer les gourganes et cuire à feu
doux 15 à 20 minutes.

Surprenant avec une purée
de topinambours !

●

FÈVES BLANCHES À LA CRÈME DE PESTO ET POIVRONS

—

trempage 2 h
préparation 15 min
cuisson 50 min

4 à 6 portions

●

750 ml (3 tasses) de fèves blanches

2 poivrons rouges, en morceaux

1 filet d'huile d'olive

6 gousses d'ail entières

80 ml (⅓ tasse) de pesto au basilic

Sel et poivre

250 ml (1 tasse) de crème 15 %

Dans un bol à mélanger, déposer les fèves blanches. Recouvrir d'eau et laisser tremper 2 heures.

Dans une poêle, faire revenir les poivrons dans l'huile d'olive. Réserver.

Dans une casserole d'eau salée bouillante, cuire les fèves blanches et les gousses d'ail à feu doux 30 à 40 minutes. Égoutter et réserver.

Dans une grande poêle, faire revenir le pesto avec les poivrons cuits et incorporer les fèves et l'ail. Remuer. Assaisonner puis ajouter la crème. Laisser mijoter 10 à 15 minutes à feu doux.

Utiliser cette préparation pour les plats de pâtes, c'est très parfumé.

●

HUMUS DE POIS CHICHES ET ÉCRASÉE DE HARICOTS BLANCS À L'HUILE DE TRUFFE

—

préparation 30 min
cuisson aucune

4 à 6 portions

●

250 ml (1 tasse) de pois chiches cuits ou en conserve

Jus de ⅓ de citron

2 gousses d'ail, hachées

1 filet d'huile d'olive

45 ml (3 c. à soupe) de tofu soyeux

1 pincée de cumin

Sel et poivre

250 ml (1 tasse) de haricots blancs cuits ou en conserve

15 ml (1 c. à soupe) d'huile de truffe

Déposer les pois chiches dans un mélangeur avec le jus de citron, l'ail et l'huile d'olive. Mixer jusqu'à l'obtention d'une pommade.

Incorporer le tofu soyeux et le cumin. Assaisonner de sel et de poivre et mixer de nouveau.

Dans un bol, déposer les haricots blancs et verser l'huile de truffe. Mélanger. Ajouter la préparation de pois chiches. Mélanger.

Conserver à température ambiante jusqu'au moment de servir.

Sublime avec une salade de crudités et pour la préparation de sandwiches.

●

MIJOTÉ DE POIS CASSÉS
AUX TOMATES ET ŒUFS POCHÉS

—

trempage 1 à 2 h
préparation 25 min
cuisson 40 min

4 à 6 portions

●

500 ml (2 tasses) de
lentilles vertes

1 gousse d'ail, hachée

1 oignon, finement haché

1 filet d'huile d'olive

45 ml (3 c. à soupe) de pâte
de tomate

2 carottes, en rondelles

1 branche de thym

1 branche de romarin

Sel et poivre

4 tomates bien mûres,
en petits dés

1 l (4 tasses) de bouillon
de légumes

250 ml (1 tasse) de
vinaigre blanc

6 œufs

Dans un bol à mélanger, déposer les lentilles
vertes, couvrir d'eau et laisser tremper 1 à 2 heures.

Dans une grande poêle, faire revenir l'ail et l'oignon
dans l'huile d'olive. Ajouter la pâte de tomate
et remuer.

Incorporer les carottes, le thym et le romarin.
Assaisonner de sel et de poivre. Remuer.

Ajouter les tomates et les lentilles. Recouvrir
de bouillon de légumes. Cuire à feu doux jusqu'à
cuisson complète.

Entre-temps, dans une casserole, amener de l'eau
et le vinaigre blanc à ébullition. Faire pocher un œuf
à la fois dans le liquide bouillant.

Incorporer les œufs pochés dans le mijoté et faire
réduire à feu doux 5 à 10 minutes supplémentaires.

Le vinaigre blanc permettra aux œufs de
ne pas se briser au moment de la cuisson
et aux jaunes de rester bien centrés.

●

quelle huile est meilleure
pour la cuisson?
Les huiles riches en gras
monoinsaturés (les huiles d'arachide
et d'olive, notamment) sont celles qui
supportent mieux la chaleur. Les huiles
plus riches en gras polyinsaturés
(huile de tournesol, de noix, de lin, par
exemple) sont plus fragiles à la cuisson
et meilleures en salade.

PAIN DE VIANDE SANS VIANDE
« FAÇON VÉGÉ »

—

préparation 30 min
cuisson 1 h 15 min

4 à 6 portions

●

1 courgette, en rondelles

1 carotte, en rondelles

250 ml (1 tasse) de lait

5 œufs

500 ml (2 tasses) de fèves
rouges cuites

1 poireau, émincé

3 échalotes françaises, ciselées

1 gousse d'ail, hachée

1 filet d'huile d'olive

15 ml (1 c. à soupe) de
pâte de tomate

125 ml (1 tasse) de
parmesan, râpé

310 ml (1 ¼ tasse) de
flocons d'avoine

Sel et poivre

1 pincée de paprika

5 ml (1 c. à thé) de poudre à
pâte (levure chimique)

¼ botte d'estragon, haché

180 ml (¾ tasse) de tofu ferme,
en petits dés

Préchauffer le four à 180 °C (350 °F).

Dans une casserole d'eau bouillante salée, cuire
la courgette et la carotte. Retirer puis égoutter.

Placer les légumes dans un mélangeur avec le lait,
les œufs et les fèves rouges. Mixer.

Dans une poêle, faire revenir le poireau,
les échalotes et l'ail dans l'huile d'olive.

Une fois cuit, verser dans un mélangeur avec
la pâte de tomate, le parmesan et les flocons
d'avoine. Mixer les ingrédients et verser l'ensemble
de la préparation dans un grand bol. Assaisonner
de sel, de poivre et de paprika et ajouter la poudre à
pâte avec l'estragon haché. Remuer et terminer en
incorporant les morceaux de tofu.

Beurrer un moule à pain et y verser la préparation.
Cuire au four environ 50 minutes. Laisser reposer
puis démouler.

Servir ce pain végétarien avec une
petite sauce tomate et une salade de
mâche aux noix.

●

les ressources de la mer
sont-elles inépuisables?
Non, loin de là. D'ailleurs, Greenpeace
demande, pour préserver la vie
marine, un moratoire sur la pêche des
espèces suivantes : requin, thon rouge,
empereur, flétan, grenadier, hoki, sabre
noir, sébaste, bar, lotte, morue, plie,
crevettes, aiglefin, espadon, merlu, raie,
saumon de l'Atlantique, sole...

POT-AU-FEU
DE LÉGUMINEUSES

━━━━

trempage 1 h
préparation 30 min
cuisson 1 h

4 à 6 portions

●

125 ml (½ tasse) de pois chiches

125 ml (½ tasse) de
haricots blancs

125 ml (½ tasse) de
haricots rouges

125 ml (½ tasse) de
lentilles vertes

2 tomates bien mûres, en morceaux

2 pommes de terre, en morceaux

1 carotte, en rondelles

1 navet, en rondelles

½ oignon, haché

1 courgette, en rondelles

250 ml (1 tasse) de courge
musquée, en morceaux

1 poireau, en rondelles

1 branche de céleri, en tronçons

2 gousses d'ail, écrasées

2 clous de girofle

1 branche de thym

1 branche de romarin

1 filet d'huile d'olive

Sel et poivre

180 ml (¾ tasse) de tofu ferme,
en petits dés

Dans un bol à mélanger, déposer les légumineuses, couvrir d'eau et laisser tremper 1 heure.

Dans une grande poêle, faire suer quelques instants les légumes, l'ail, les clous de girofle, le thym et le romarin dans l'huile d'olive. Remuer et assaisonner de poivre et de sel. Remplir au ⅔ d'eau. Ajouter les légumineuses. Cuire à feu doux jusqu'à complète cuisson.

Incorporer le tofu. Laisser mijoter le pot-au-feu 1 heure supplémentaire. Assaisonner et servir chaud.

Ne pas hésiter à faire réchauffer le pot-au-feu le lendemain. On peut aussi mixer avec son bouillon pour obtenir un délicieux potage !

●

les légumineuses sèches détrônent-elles celles en conserve ?

Elles sont moins salées et légèrement plus nutritives, mais celles en conserve sont si pratiques qu'on ne peut les négliger. Prenez toutefois soin de bien les rincer, question d'éviter les flatulences. Je vous conseille aussi de décaler la prise du dessert après un repas de légumineuses pour mieux digérer !

SALADE 4 SAISONS
AUX FÈVES

———

POUR
UNE RÉVOLUTION
PAR LE BEDON

préparation 20 min
cuisson 30 min

4 à 6 portions

●

500 ml (2 tasses) de haricots verts fins frais

125 ml (½ tasse) de petits pois congelés

125 ml (½ tasse) de graines de soya (edamame)

30 ml (2 c. à soupe) de miel

30 ml (2 c. à soupe) de sauce soya

1 gousse d'ail, hachée

½ échalote française, ciselée

90 ml (6 c. à soupe) d'huile de sésame

Sel et poivre

250 ml (1 tasse) de haricots rouges cuits
ou en conserve

250 ml (1 tasse) de pois chiches cuits
ou en conserve

30 ml (2 c. à soupe) de brisures de
noisettes grillées

Dans une casserole d'eau bouillante salée, faire
blanchir rapidement les haricots verts, les petits
pois et les graines de soya.

Dans un grand bol à mélanger, déposer le miel,
la sauce soya ainsi que l'ail et l'échalote. Verser
l'huile de sésame et assaisonner de sel et de
poivre. Incorporer les haricots rouges, les pois
chiches et les noisettes grillées. Remuer. Servir.

Ne pas hésiter à compléter cette recette
avec d'autres fèves offertes au marché.

●

LES NOIX
ET LES GRAINES

AU CŒUR
DU MENU

—

DES NOIX ET DES GRAINES AU MENU

— par Isabelle Huot
docteure en nutrition —

J'ai toujours encouragé la consommation de noix et de graines puisqu'elles fournissent des protéines, de bons gras ainsi qu'une panoplie de vitamines et minéraux. D'ailleurs, certaines études ont démontré que les gens qui consommaient des noix au moins cinq fois par semaine réduisaient leur risque de maladies cardiovasculaires de 25 à 50 %. Très nutritives, elles sont cependant caloriques, d'où l'importance d'en modérer les portions. Je conseille aux personnes qui désirent perdre du poids 15 ml (1 c. à soupe) de noix par jour (8 amandes environ) et 30 ml à 50 ml (2 à 3 c. à soupe) à ceux qui affichent un poids santé. Les noix feront une excellente collation, accompagnées d'un fruit ou d'un légume. L'important est aussi de varier les sortes de noix consommées car chaque noix a sa force, les amandes étant riches en calcium, la noix du Brésil en sélénium et les noix de Grenoble en oméga-3. Elles renferment des protéines dont l'arginine, un acide aminé bon pour la circulation sanguine.

5 noix et graines vedettes
AMANDES

Une portion de 30 ml (2 c. à soupe) nous procure 31 % des besoins journaliers en vitamine E, 12 % en phosphore, 12 % en magnésium et 20 % en manganèse. Les amandes sont aussi particulièrement riches en calcium. Elles sont une source de fibres et de protéines qui contribuent à l'effet rassasiant. Selon de récentes études, on remarque que la consommation régulière d'oléagineux comme les amandes a un effet hypocholestérolémiant en abaissant le taux de mauvais cholestérol tout en augmentant le taux de bon cholestérol. On les associe en plus à une réduction des risques de maladies cardiovasculaires, de diabète de type 2, de calculs biliaires et du cancer du colon.

NOIX DU BRÉSIL

C'est une des noix les plus grasses. Sa saveur et sa texture rappellent celles de la noix de coco, mais les gras qu'elle apporte sont de meilleure qualité. Une seule noix du Brésil équivaut à l'apport quotidien recommandé en sélénium ! Cet oligoélément essentiel ralentit les signes de vieillesse et travaille en synergie avec la vitamine E. Cette noix est aussi une source élevée de phosphore et de magnésium. On préfère les noix qui ont conservé la majeure partie de leur peau brune pour maximiser leur protection contre l'oxydation.

NOIX DE GRENOBLE

Cette noix offre une excellente valeur nutritive. Elle est riche en antioxydants et on apprécie particulièrement sa contribution en oméga-3. En fait 30 ml (2 c. à soupe) fournissent 1,4 g d'oméga-3 d'origine végétale, soit la totalité des besoins de la femme et 88 % de ceux des hommes. Très riche en manganèse, elle renferme aussi plus de 5 % de phosphore et de magnésium par portion. Il est préférable de les acheter entières dans leur coque car ce type de noix renferme une grande proportion de bons gras polyinsaturés qui s'oxydent rapidement à l'air, à la chaleur et à la lumière. On peut aussi les conserver dans un emballage hermétique au réfrigérateur ou au congélateur pour un usage à plus long terme.

GRAINES DE CITROUILLE

Elles offrent un concentré d'éléments nutritifs. Elles comblent près de 50 % des besoins en phosphore et en manganèse, 38 % de ceux en magnésium, en plus de fournir 13 à 20 % des besoins en fer et en zinc. Grâce à leur effet diurétique, la Commission E et l'Organisation mondiale de la santé approuvent maintenant l'usage médicinal des graines de citrouille pour soulager les troubles de la miction associés à l'hypertrophie bénigne de la prostate et à la vessie irritable.

GRAINES DE TOURNESOL

Elles sont plutôt faibles en gras et apportent, par portion de 30 ml (2 c. à soupe), 10 % des besoins en folates, 27 % de ceux en phosphore, 15 % de ceux en manganèse, 23 % en sélénium ainsi que 28 % en vitamine E ! C'est un des fruits à écale qui comprend le plus de phytostérols, une molécule associée à la réduction du taux de mauvais cholestérol sanguin. La quantité de phytostérols pour générer cet effet est de 2 g, une quantité difficile à atteindre par l'alimentation. Une portion de 30 ml (2 c. à soupe) de graines de tournesol en renferme entre 39 à 49 mg.

●

10 faits sur les noix

1   Les noix sont une source économique de protéines végétales (les arachides font même partie de la famille des légumineuses). Sans cholestérol, elles sont également faibles en gras saturés.

2   Les noix sont des sources intéressantes de fibres alimentaires (environ 7 g/100 g) dont le quart sont solubles, un type de fibres reconnu pour son impact favorable sur la cholestérolémie et sur le contrôle glycémique.

3   De par leur contenu en protéines et en fibres, elles procurent une sensation de satiété ce qui en fait de bonnes alliées dans le cadre d'un régime amaigrissant. De plus, un régime plus riche en gras amène souvent une plus grande compliance des patients ce qui se manifeste par une plus grande perte de poids à long terme.

4   Tantôt riches en gras polyinsaturés, tantôt riches en gras monoinsaturés, les noix contribuent à réduire la cholestérolémie.

5   Certaines noix apportent des phytostérols, des substances actuellement étudiées pour leurs propriétés hypocholestérolémiantes et anticancérigènes.

6   Les noix sont riches en vitamine E. Elles peuvent donc contribuer à la prévention de l'oxydation du cholestérol sanguin. Les noix du Brésil sont particulièrement riches en sélénium, un autre antioxydant puissant.

7   Les noix sont source de folates, une vitamine reconnue pour son action préventive contre les malformations du tube neural et pour son rôle dans le contrôle des niveaux d'homocystéine.

8   Les noix apportent du calcium (particulièrement les amandes) et du bore, deux éléments contribuant à la santé osseuse.

9   En plus de leurs bons gras, les noix sont de bonnes sources de manganèse, de cuivre, de magnésium, de phosphore et de zinc.

10 Des études épidémiologiques suggèrent que la consommation régulière de noix réduit le risque de maladies cardiovasculaires (MCV). L'étude de plus de 30 000 sujets, membres du mouvement religieux « Seventh Day Adventists », a démontré que les sujets qui mangeaient des noix au moins cinq fois par semaine réduisaient leur risque de cardiopathies ischémiques (fatales et non fatales) de 50 % comparativement à ceux qui en mangeaient moins d'une fois par semaine. Le Physicians'Health Study a également démontré un effet protecteur.

SALADE DE CRESSON AUX HARICOTS JAUNES, VINAIGRETTE À LA MOUTARDE À L'ANCIENNE, BRISURES D'AMANDES ET GRAINES DE TOURNESOL

—

préparation 30 min
cuisson 25 min

4 à 6 portions

●

500 ml (2 tasses) de
haricots jaunes

2 échalotes françaises, ciselées

2 filets d'huile d'olive

30 ml (2 c. à soupe) de moutarde
à l'ancienne

60 ml (¼ tasse) de crème 10 %

125 ml (½ tasse) de pommes de
terre cuites, en dés

Sel et poivre

250 ml (1 tasse) de cresson

Quelques gouttes de vinaigre
de vin rouge

60 ml (¼ tasse) de brisures
d'amandes grillées

60 ml (¼ tasse) de graines de
tournesol grillées et salées

Dans une grande casserole d'eau bouillante salée, cuire les haricots jaunes jusqu'à tendreté. Retirer puis égoutter. Réserver.

Dans une poêle, faire caraméliser les échalotes dans un filet d'huile d'olive. Incorporer la moutarde à l'ancienne, la crème et les pommes de terre. Laisser mijoter quelques minutes. Assaisonner.

Dans un bol à mélanger, déposer les haricots jaunes, le cresson, un filet d'huile d'olive et quelques gouttes de vinaigre de vin rouge. Remuer.

Dans un grand plat de service, déposer le cresson et les haricots et verser la sauce à la moutarde sur le dessus. Parsemer d'amandes et de graines de tournesol grillées.

Une salade gourmande où les noix et les graines font bon ménage.

●

combien de noix faut-il pour égaler une portion de viande?
En fait, 60 ml (¼ tasse) de noix apporte l'équivalent d'un œuf ou 30 grammes de viande en terme de protéines mais leur concentration en gras étant importante, on a, dans une telle portion, plus de 200 calories. Pour nous soutenir convenablement, on aurait besoin de 125 ml de noix (½ tasse) mais l'apport en calories et en gras serait alors trop important!

NEMS CROUSTILLANTS
NOISETTES ET MIEL

—

préparation 40 min
cuisson 5 min

4 à 6 portions

●

1 jaune d'œuf

30 ml (2 c. à soupe) de sucre

Quelques gouttes de rhum

250 ml (1 tasse) de noisettes
grillées, concassées

125 ml (½ tasse) de
poudre d'amande

180 ml (¾ tasse) de miel

1 rouleau de pâte philo

45 ml (3 c. à soupe) de beurre

Préchauffer le four à 180 °C (350 °F).

Dans un grand bol à mélanger, déposer le jaune d'œuf et le sucre. Battre énergiquement à l'aide d'un fouet. Incorporer le rhum. Ajouter les noisettes et la poudre d'amande. Ajouter la moitié du miel. Mélanger. Laisser reposer au frais 10 à 15 minutes.

Étaler trois feuilles de pâte philo sur un plan de travail. Confectionner des petits carrés de 10 cm par 10 cm (4 po par 4 po).

Déposer un peu de préparation de noix au haut de chacun des carrés. Badigeonner le pourtour de la pâte de beurre préalablement fondu. Replier les 2 côtés vers l'intérieur puis rouler afin d'obtenir un nem. Répéter l'opération jusqu'à épuisement de la préparation.

Tremper rapidement chaque nem dans le miel restant et laisser reposer. Pour faciliter l'opération, on peut faire tiédir le miel et en badigeonner les nems à l'aide d'un pinceau.

Cuire les nems au four 5 minutes ou dans une poêle bien chaude avec une noix de beurre.

À déguster chaud ou froid.

●

BÉBÉS BOK CHOYS
À L'ANIS ÉTOILÉ
CUITS À L'ÉTUVÉE
ET NOIX DE CAJOU

—

préparation 10 min
cuisson 25 min

4 à 6 portions

•

1 orange

10 à 12 bébés bok choys

1 filet d'huile d'olive

15 ml (1 c. à soupe) de beurre

2 anis étoilés

180 ml (¾ tasse) de noix de cajou grillées

Sel et poivre

Laver l'orange soigneusement, la peler. Conserver la pelure. Retirer les suprêmes à l'aide d'un petit couteau.

Dans une poêle, faire revenir les bébés bok choys dans l'huile d'olive et le beurre. À coloration, ajouter les pelures d'orange et l'anis étoilé. Couvrir à hauteur d'eau et laisser mijoter à couvert jusqu'à complète évaporation du liquide.

Retirer les pelures d'orange et incorporer les noix de cajou et les suprêmes d'orange. Assaisonner de sel et de poivre. Servir.

•

SAUTÉ DE CÉLERI-RAVE
ET CHANTERELLES
AUX NOIX DE PIN

—

préparation 20 min
cuisson 30 min

4 à 6 portions

•

1 céleri-rave, pelé

1 échalote française, ciselée

500 ml (2 tasses) de chanterelles (girolles), coupés en 2

1 filet d'huile d'olive

15 ml (1 c. à soupe) de beurre

Sel et poivre

Jus de ½ citron

125 ml (½ tasse) de noix de pin

Confectionner des frites avec le céleri-rave.

Dans une casserole d'eau bouillante salée, faire blanchir les frites de céleri-rave. Égoutter.

Dans une poêle, faire revenir l'échalote et les chanterelles dans l'huile d'olive et le beurre. Incorporer les frites de céleri-rave pour terminer leur cuisson. Assaisonner de sel et de poivre et arroser de jus de citron. Laisser mijoter jusqu'à l'évaporation du jus de cuisson. Ajouter les noix de pin. Remuer et servir.

•

LA SÉCURITÉ ALIMENTAIRE POUR TOUS...

SALADE DE MÂCHE AUX GERMES DE SOYA ET GRAINES DE FENUGREC

—

trempage ½ journée
préparation 15 min
cuisson 10 min

4 à 6 portions

●

125 ml (½ tasse) de graines de fenugrec

250 ml (1 tasse) de fèves germées (germes de soya)

15 ml (1 c. à soupe) de beurre

1 filet d'huile d'olive

125 ml (½ tasse) de tofu ferme, en petits dés

½ échalote française, ciselée

1 gousse d'ail, hachée

15 ml (1 c. à soupe) de miel

15 ml (1 c. à soupe) de sauce soya

12 tomates cerises, coupées en 2

80 ml (⅓ tasse) de noix de Grenoble

500 ml (2 tasses) de salade de mâche

Sel et poivre

Dans un bol à mélanger contenant de l'eau, déposer les graines de fenugrec. Laisser tremper ½ journée.

Dans une poêle, faire revenir les graines de fenugrec égouttées et les fèves germées dans le beurre et l'huile d'olive. Ajouter le tofu, l'échalote et l'ail. Verser le miel avec la sauce soya, les tomates, et les noix de Grenoble.

Incorporer la salade de mâche. Remuer et assaisonner de sel et de poivre.

Pour ajouter un peu d'acidité, ajouter quelques gouttes de vinaigre de vin rouge au mélange.

●

BONBONS DE RAISINS AU PAVOT ET FROMAGE À LA CRÈME ET AUX NOIX

—

préparation 30 min
cuisson aucune

4 à 6 portions

●

250 ml (1 tasse) de fromage à la crème

30 ml (2 c. à soupe) de ciboulette, ciselée

Sel et poivre

80 ml (⅓ tasse) de noix de Grenoble concassées

500 ml (2 tasses) de raisins frais

60 ml (¼ tasse) de graines de pavot

Dans un bol, déposer le fromage et la ciboulette. Assaisonner. Incorporer les noix de Grenoble et bien mélanger.

Déposer un raisin dans le creux de sa main. L'enrober de préparation fromagère (même volume que le raisin) et rouler afin d'obtenir un bonbon. Déposer sur une plaque.

Répéter l'opération avec les autres raisins. Réserver au frais pendant 1 heure.

Parsemer de graines de pavot et servir.

Délicieux en apéritif ou pour accompagner les petites entrées.

●

COOKIES À L'AVOINE ET AU QUINOA ROUGE

—

préparation 15 min
cuisson 15 min

4 à 6 portions

●

500 ml (2 tasses) d'eau

250 ml (1 tasse) de quinoa rouge

4 œufs

500 ml (2 tasses) de sucre

125 ml (½ tasse) de poudre d'amande

375 ml (1 ½ tasse) de farine

10 ml (2 c. à thé) de poudre à pâte (levure chimique)

125 ml (½ tasse) de flocons d'avoine

5 ml (1 c. à thé) de cannelle

180 ml (¾ tasse) de beurre

80 ml (⅓ tasse) de pépites de chocolat

125 ml (½ tasse) de raisins de Corinthe séchés

Préchauffer le four à 180 °C (350 °F).

Dans une casserole, mettre l'eau. Porter à ébullition. Y plonger le quinoa. Cuire couvert à feu doux. Retirer et égoutter avant sa cuisson complète.

Dans un bol à mélanger, déposer les œufs et le sucre. Battre le tout énergiquement à l'aide d'un fouet.

Dans un autre bol à mélanger, mettre la poudre d'amande, la farine et la poudre à pâte. Remuer. Incorporer dans la préparation d'œufs. Battre à l'aide d'un fouet.

Ajouter les flocons d'avoine et le quinoa cuit ainsi que la cannelle dans la préparation. Déposer le beurre en pommade et pétrir avec les mains afin d'obtenir une pâte lisse et homogène. Ajouter les pépites de chocolat et les raisins de Corinthe.

Déposer à la cuillère sur une plaque à biscuits. Cuire au four 10 à 15 minutes.

●

CROQUETTES DE CHÈVRE FRAIS AUX NOIX ET AUX GRAINES

—

préparation 20 min
cuisson 10 min

4 à 6 portions

●

250 ml (1 tasse) de fromage de chèvre frais, émietté

Sel et poivre

60 ml (¼ tasse) de noix de Grenoble

60 ml (¼ tasse) de noisettes grillées

30 ml (2 c. à soupe) de graines de tournesol

15 ml (1 c. à soupe) de pavot

2 filets d'huile d'olive

250 ml (1 tasse) de chapelure de pain

2 œufs

Dans un grand bol à mélanger, déposer le fromage de chèvre. Assaisonner de sel et de poivre. Ajouter les noix de Grenoble et les noisettes préalablement concassées. Incorporer les graines de tournesol et le pavot. Remuer le tout avec un filet d'huile d'olive.

Dans un bol à mélanger, déposer la chapelure.

Dans un autre bol à mélanger, mettre les œufs. Battre énergiquement à l'aide d'un fouet.

Confectionner, dans le creux de la main, des petites galettes de fromage. Les tremper dans les œufs puis les enrober dans la chapelure.

Laisser reposer 20 à 30 minutes au frais.

Dans une poêle, cuire les galettes dans l'huile d'olive des deux côtés jusqu'à coloration.

Excellentes accompagnées d'une petite salade frisée avec des graines de tournesol grillées.

●

MÉLANGE DE NOIX CARAMÉLISÉES À LA FLEUR DE SEL À GRIGNOTER DEVANT LA TÉLÉ

———

préparation 30 min
cuisson 55 min

4 à 6 portions

●

250 ml (1 tasse) de noix de cajou grillées

250 ml (1 tasse) de noix de macadam grillées

250 ml (1 tasse) d'amandes grillées

250 ml (1 tasse) de noisettes grillées

250 ml (1 tasse) de pacanes grillées

15 ml (1 c. à soupe) de beurre

1 filet d'huile d'olive

1 branche de romarin

5 ml (1 c. à thé) de piment d'Espelette

4 blancs d'œufs

15 ml (1 c. à soupe) de fleur de sel

Préchauffer le four à 160 °C (325 °F).

Dans une grande poêle, déposer toutes les noix et les faire revenir dans le beurre avec l'huile d'olive.

Retirer les feuilles de romarin de sa tige. Hacher les feuilles finement et les incorporer au mélange de noix en cuisson. Ajouter le piment d'Espelette et remuer le tout à feu vif. Retirer.

Dans un grand bol à mélanger, mettre les blancs d'œufs. Y verser la préparation de noix et remuer énergiquement à l'aide d'une spatule. Une fois les noix enrobées de blanc d'œuf, les déposer sur une grande plaque à cuisson. Saupoudrer de fleur de sel et remuer une dernière fois.

Cuire au four pendant 15 à 20 minutes.

Excellent pour toutes les occasions. Un délicieux cadeau à offrir.

●

Concombre anglais
3/4.00
1.50 ch

ricot vert
1.9 ch

Artichaut gros
3/4.00
1.50 c

LES SUPER

LÉGUMES
ET FRUITS

—

ON AIME LES LÉGUMES

— par Isabelle Huot
docteure en nutrition —

Tous les spécialistes de la santé s'entendent pour recommander la consommation de 5 à 10 portions de fruits et légumes par jour. Chez les adultes, le Guide alimentaire canadien suggère même 7 à 10 portions au quotidien. Respecter ces recommandations amène plusieurs bénéfices salutaires, notamment la réduction du risque d'obésité, de maladies cardiovasculaires et de cancer. Mais c'est aussi pour leur goût qu'on aime manger des légumes. Crus ou cuits à la perfection, ils peuvent devenir un véritable festin. On se laisse donc inspirer par Jérôme pour les apprécier encore davantage.

C'est bien connu, les légumes regorgent de vitamines et sont de bons alliés pour notre santé. Certains légumes sont particulièrement nutritifs et ont beaucoup plus à offrir.

cinq légumes vedettes

RAPINI

Ce légume fait partie de la famille des crucifères, tout comme le brocoli et les choux. Son aspect rappelle d'ailleurs le brocoli, mais avec moins de boutons floraux et des tiges beaucoup plus minces. Les tiges possèdent une saveur plus douce alors que les boutons floraux et les feuilles ont un goût plus amer. Il suffit de les blanchir (à l'eau bouillante) pour en retirer l'amertume. De nombreuses études rapportent des effets positifs reliés à la consommation régulière de légumes verts de type crucifères comme le rapini sur certains cancers et sur les maladies du cœur. En plus de son contenu en antioxydants, 125 ml (½ tasse) de rapinis bouillis fournit de la vitamine A, près de 30 % des besoins quotidiens en vitamine C et près d'une fois et demie ceux en vitamine K ! Servi dans des pâtes, sauté avec de l'ail ou en salade tiède, le rapini mérite une place de choix dans nos assiettes.

ÉPINARDS

Reconnus depuis bien longtemps, les bienfaits des épinards sont nombreux compte tenu de leur haute valeur nutritive globale. La consommation régulière d'épinards pourrait contribuer à l'augmentation de la résistance au stress oxydatif grâce à leur contenu en antioxydants. Les épinards procurent de la lutéine et de la zéaxanthine, des composantes associées à une meilleure santé oculaire. Les épinards sont aussi riches en bétaïne qu'on associe au traitement de certaines maladies du foie, à la diminution des risques de maladies cardiovasculaires et récemment à l'amélioration de la performance des athlètes. Manger 125 ml (½ tasse) d'épinards cuits nous permet de combler quatre fois nos besoins quotidiens en vitamine K, 55 % de ceux en vitamine A, 38 % en manganèse, 35 % en folates ainsi que 20 % en fer et en magnésium. Pour éviter le goût amer et préserver un maximum de valeur nutritive, on prend soin de ne pas trop les cuire.

CHOU DE BRUXELLES

Le chou de Bruxelles compte parmi les meilleurs légumes pour la santé. Faisant partie de la famille des crucifères, il possède de précieuses composantes comme les glucosinolates qui nous protègent contre certains types de cancers. Une portion de 125 ml (½ tasse) de choux de Bruxelles cuits nous apporte 96 % de nos besoins quotidiens en vitamine K, 56 % en vitamine C et plus de 10 % en folates. Pour pouvoir apprécier leur goût, il est crucial d'éviter de les surcuire sinon leur amertume sera amplifiée et ils dégageront un arôme de soufre. Pour éviter qu'ils aient une texture pâteuse et pour raccourcir leur temps de cuisson, on doit retirer la base et les feuilles défraîchies et faire une incision en croix à la base. On l'utilise surtout comme légume d'accompagnement, mais il s'incorpore aisément dans les soupes et les sautés asiatiques.

TOMATE

La tomate a une valeur nutritive très intéressante. Faible en calories, elle s'intègre parfaitement aux menus minceur. Elle est riche en vitamine C et contient du lycopène, un pigment de la famille des caroténoïdes qui joue un rôle dans la prévention du cancer de la prostate. Le lycopène confère la couleur rougeâtre à la tomate, au melon d'eau, à la goyave et au pamplemousse rose. Le lycopène est davantage absorbé par l'organisme quand la tomate est cuite, dans une sauce tomate, par exemple, et quand elle est mariée à un corps gras comme de l'huile. Outre la réduction du risque de cancer de la prostate, des recherches en cours tentent de démontrer que le lycopène pourrait également réduire le risque de dégénération maculaire et de cancers du poumon, de la vessie et de la peau. Son profil nutritionnel exceptionnel fait de la tomate un super aliment qu'on a intérêt à introduire quotidiennement dans son alimentation.

BETTERAVE

La betterave fait partie de la même famille que l'épinard. On doit sa couleur remarquable à son contenu en bétacyanine, un antioxydant très bénéfique qui la classe au rang des légumes les plus riches en antioxydants. Pour profiter de sa teneur en composés phénoliques et en plusieurs vitamines et minéraux, on doit conserver sa pelure et consommer les feuilles. La chair comble tout de même 18 % des besoins quotidiens en folates, 13 % en manganèse et 5 % en phosphore. La présence de vinaigre est loin d'être nécessaire pour manger la betterave. Elle se consomme autant crue que cuite. Le jus de citron ou le vinaigre ravive sa couleur et le sel la décolore.

les super fruits à ne pas négliger
Nous avons abordé les super légumes, mais bien sûr les fruits sont tout aussi bénéfiques pour la santé. Parmi ceux qui apportent le plus de composantes favorables nommons tous les petits fruits (bleuets, fraises, framboises, mûres, canneberges, sureau, etc.), la mangue, les agrumes et les pommes.

●

achetons local !
Pour maximiser les valeurs nutritives des fruits et des légumes, on favorise l'achat local. Les produits ont moins voyagé, ce qui est plus écologique, mais on s'assure également qu'ils ont été cueillis à pleine maturité, au moment où ils ont atteint leur plein potentiel vitaminique. Pour découvrir le calendrier des récoltes, on visite le site de l'Association des jardiniers maraîchers du Québec au :
www.mangezquebec.com

85% DES PRODUITS BIO
VENDUS AU QUÉBEC
PROVIENNENT DE L'ÉTRANGER...

FEUILLES DE CHOUX DE BRUXELLES AU VIN BLANC

préparation 20 min
cuisson 10 min

4 à 6 portions

●

1 kg (2,2 lb) de choux de Bruxelles

1 échalote française, ciselée

1 carotte, en rondelles

1 filet d'huile d'olive

125 ml (½ tasse) de vin blanc

Sel et poivre

Effeuiller les choux de Bruxelles et couper les cœurs en 2. Déposer le tout dans un bol à mélanger.

Dans une poêle, faire revenir l'échalote et les carottes dans l'huile d'olive. Incorporer les feuilles et les cœurs de choux de Bruxelles.

Déglacer avec le vin blanc et assaisonner de sel et de poivre.

Se déguste chaud en accompagnement ou froid servi en salade. Une autre façon d'apprêter ce légume mal aimé.

●

BETTERAVES ENTIÈRES CUITES EN CROÛTE DE SEL

préparation 10 min
cuisson 2 heures

4 à 6 portions

●

2 kg (5 lb) de gros sel gris

3 grosses betteraves rouges

Préchauffer le four à 150 °C (300 °F).

Dans un petit plat à gratin, déposer 2 à 3 cm (1 po) d'épaisseur de sel gris. Poser les betteraves entières et crues au centre puis les recouvrir complètement de la quantité restante de sel. Vaporiser quelques gouttes d'eau à la surface.

Cuire au four environ 2 heures. Casser la croûte de sel et retirer les betteraves. Peler la peau à l'aide d'un couteau. Couper les betteraves en tranches épaisses. Servir chaud.

Certainement la façon la plus savoureuse de découvrir l'arôme de la betterave. Le gros sel gris contient un haut taux d'humidité. Réserver son utilisation à la cuisson d'aliments en croûte de sel.

●

POIVRONS GRILLÉS ET SALADE DE TOMATES FRAÎCHES

—

préparation 25 min
cuisson 30 min

4 à 6 portions

●

4 poivrons rouges

2 poivrons verts

2 filets d'huile d'olive

4 tomates bien mûres, en morceaux

2 gousses d'ail, hachées

Sel et poivre

Préchauffer le four à 180 °C (350 °F).

Déposer les poivrons entiers sur une plaque à cuisson et verser un filet d'huile d'olive sur le dessus. Cuire au four 20 à 30 minutes.

Déposer les poivrons cuits dans un sac de plastique puis refermer. La peau des poivrons se détachera facilement en manipulant le sac.

Conserver la chair. Jeter la peau et les graines. Couper la chair en fines lanières.

Dans un bol, déposer les lanières. Ajouter les tomates. Verser un filet d'huile d'olive et l'ail. Assaisonner de sel et de poivre.

Servir cette salade très fraîche accompagnée, par exemple, de cresson.

●

POÊLÉE DE CHOU-RAVE ET CAROTTES RÂPÉES AUX POMMES VERTES

—

préparation 20 min
cuisson 10 min

4 à 6 portions

●

2 pommes vertes Granny Smith

Jus de 1 citron

½ chou-rave, en julienne

2 carottes, râpées

1 filet d'huile d'olive

45 ml (3 c. à soupe) de vinaigre de riz

15 ml (1 c. à soupe) de miel

30 ml (2 c. à soupe) d'huile de sésame

Sel et poivre

15 ml (1 c. à soupe) de graines
de sésame noires

Râper les pommes vertes, arroser de jus de citron et réserver au frais.

Dans une grande poêle, faire revenir le chou-rave et les carottes dans l'huile d'olive. Avant coloration, déglacer avec le vinaigre de riz, incorporer le miel et l'huile de sésame.

Assaisonner de sel et de poivre. Incorporer les graines de sésame noires et les pommes vertes. Mélanger et servir.

●

BEIGNETS D'AUBERGINES TEMPURA

—

préparation 10 min
cuisson 5 min

4 à 6 portions

●

1 œuf

1 jaune d'œuf

180 ml (¾ tasse) de farine

1 pincée de sel

180 ml (¾ tasse) d'eau glacée

2 aubergines, en très fines tranches

1 bain d'huile à friture végétale

Dans un grand bol à mélanger, battre l'œuf et le jaune d'œuf, incorporer la farine et le sel puis verser l'eau en petits filets. Mélanger le tout afin d'obtenir une pâte à tempura lisse et homogène.

Tremper les tranches d'aubergine dans la préparation à tempura et les déposer dans le bain de friture bien chaud.

Retirer une fois coloré et les poser sur un papier absorbant. Servir.

Le secret pour obtenir une belle pâte à tempura : un bain d'huile bien chaud et une pâte bien glacée. C'est encore meilleur si on utilise de l'huile de sésame comme au Japon.

●

BLÉ D'INDE EN PAPILLOTES ET CURRY

—

préparation 10 min
cuisson 30 min

4 à 6 portions

●

4 à 6 épis de maïs

60 ml (¼ tasse) de beurre

5 ml (1 c. à thé) de curry

Jus de 1 orange

Jus de 1 citron

4 à 6 carrés de feuilles d'aluminium

Sel et poivre

Préchauffer le four à 180 °C (350 °F).

Dans une grande casserole d'eau bouillante, cuire les épis de maïs pendant 10 à 13 minutes. Retirer et égoutter.

Dans une casserole, faire fondre le beurre. Ajouter le curry puis les jus d'agrumes. Arrêter la cuisson dès l'ébullition.

Déposer les épis de maïs sur les carrés d'aluminium et ajouter la réduction d'agrumes et curry.

Refermer en papillotes et cuire au four 10 à 15 minutes.

●

CHAUSSONS
DE BROCOLI ET TOFU

—

préparation 35 min
cuisson 40 min

4 à 6 portions

●

1 brocoli

1 oignon, émincé

15 ml (1 c. à soupe) de beurre

500 ml (2 tasses) de tofu ferme,
en petits cubes

250 ml (1 tasse) de fèves germées
(germes de soya)

45 ml (3 c. à soupe) de
sauce soya

1 filet d'huile d'olive

1 abaisse de pâte feuilletée

Sel et poivre

250 ml (1 tasse) de tomates
cerises

1 jaune d'œuf

Préchauffer le four à 200 °C (400 °F).

Couper le brocoli en morceaux. Peler la tige et la couper en rondelles. Dans une casserole d'eau bouillante salée, cuire le brocoli.

Dans une poêle, faire revenir l'oignon dans le beurre. Incorporer le tofu et les fèves germées. Verser la sauce soya et terminer avec le brocoli cuit. Rajouter l'huile d'olive et bien faire revenir. Saler et poivrer. Incorporer les tomates cerises.

Étaler la pâte feuilletée sur un plan de travail et couper des cercles d'environ 8 cm (3 po) de diamètre à l'aide d'un emporte-pièces ou d'un verre à eau.

Déposer au centre de chacun des cercles la préparation de brocoli et tofu.

Dans un bol à mélanger, déposer le jaune d'œuf avec quelques gouttes d'eau. Battre énergiquement à l'aide d'un fouet.

À l'aide d'un pinceau, badigeonner le contour des cercles et les replier pour former des chaussons. Exercer quelques pressions du doigt tout autour afin de bien les fermer et éviter qu'ils s'ouvrent à la cuisson.

Badigeonner la surface des chaussons. Cuire au four 15 à 20 minutes.

Servir chaud ou froid.

N'oubliez pas que tout se mange dans le brocoli, y compris la tige.

●

MILLEFEUILLE DE LÉGUMES GRILLÉS COMME UN TIAN

—

préparation 30 min
cuisson 25 min
4 à 6 portions

●

1 poivron vert, en lanières
1 poivron rouge, en lanières
2 tomates bien mûres, en morceaux
1 aubergine, en tranches
1 champignon portobello, émincé
1 oignon, émincé
2 courgettes, en rondelles
1 filet d'huile d'olive
5 ml (1 c. à thé) d'origan
Sel et poivre
1 filet de vinaigre balsamique
250 ml (1 tasse) de coulis de tomate

Préchauffer le four à 180 °C (350 °F).

Arroser les légumes d'un filet d'huile d'olive, parsemer d'origan. Saler et poivrer puis faire cuire sur un BBQ.

Une fois les légumes mi-cuits, les arroser de quelques gouttes de vinaigre balsamique.

Dans une plat à gratin, installer les légumes en couches, comme un millefeuille. Verser le coulis de tomate sur le dessus. Rectifier l'assaisonnement.

Cuire au four 15 à 20 minutes.

Ce millefeuille est délicieux servi chaud ou froid.

●

MOUSSELINE CAROTTES-MIEL ET ORANGE

—

préparation 10 min
cuisson 20 min
4 à 6 portions

●

4 carottes, en rondelles
Jus de 1 orange
1 noix de beurre
60 ml (¼ tasse) de miel
Sel et poivre

Dans une casserole d'eau bouillante salée, cuire les carottes.

Déposer dans un mélangeur. Incorporer le jus d'orange, le beurre et le miel. Assaisonner de sel et de poivre, puis mixer jusqu'à l'obtention d'une purée bien lisse et homogène.

Excellente préparation à servir en trempette avec les crudités.

●

TATIN D'ENDIVES
BRAISÉES AU FETA

—

préparation 40 min
cuisson 45 min

4 à 6 portions

●

5 endives

Jus de 2 citrons

60 ml (¼ tasse) de beurre

Sel et poivre

250 ml (1 tasse) de fromage feta

1 pâte feuilletée

Préchauffer le four à 160 °C (325 °F).

Arroser les endives de jus de citron. Dans une casserole d'eau bouillante, cuire les endives. Retirer puis égoutter. Couper les endives en 2 dans le sens de la longueur.

Dans une poêle, faire revenir les endives 5 à 6 minutes de chaque côté dans le beurre. Assaisonner. Réserver.

Dans une autre casserole, fondre le fromage feta à feu doux en remuant continuellement. Beurrer un moule à tarte. Effeuiller les endives. Disposer une première couche de feuilles en rosace dans le moule à tarte. Recouvrir de fromage fondu. Disposer une seconde couche de feuilles. Déposer la pâte feuilletée sur le dessus et la piquer avec la pointe d'un couteau.

Cuire au four pendant 25 à 30 minutes. Laisser reposer quelques minutes. Retourner la tarte dans une assiette de service et l'accompagner d'une petite salade aux noix de Grenoble.

Les endives doivent être citronnées avant cuisson car elles s'oxydent très rapidement au contact des sources de chaleur et de lumière.

●

Mettez le pays dans votre assiette

PURÉE DE PETITS POIS ET POIS CASSÉS

——

préparation 15 min
cuisson 1 h

4 à 6 portions

•

500 ml (2 tasses) de pois cassés

2 filets d'huile d'olive

2 échalotes françaises, ciselées

1 gousse d'ail, hachée

500 ml (2 tasses) de bouillon
de légumes

1 branche de thym

Sel et poivre

500 ml (2 tasses) de petits pois
frais, blanchis

15 ml (1 c. à soupe) de beurre

1 pincée de piment de cayenne

Dans une casserole d'eau bouillante, cuire les pois cassés. Retirer, égoutter et réserver.

Dans une poêle, verser un filet d'huile d'olive. Faire revenir les échalotes et l'ail puis ajouter le bouillon de légumes et le thym. Cuire à feu doux. Après 10 minutes, retirer la branche de thym.

Placer les pois cassés et le bouillon de légumes dans un mélangeur. Mixer jusqu'à l'obtention d'une préparation de la consistance d'un velouté. Assaisonner de sel et de poivre.

Dans une poêle, faire revenir les petits pois frais préalablement blanchis dans le beurre.

Verser le velouté de pois cassés dans des assiettes creuses. Parsemer de petits pois entiers. Verser un filet d'huile d'olive et terminer avec le piment de cayenne.

•

Les soirées en famille :
autour d'la table

FENOUIL CONFIT
AUX ZESTES DE CITRON
ET OLIVES

—

préparation 40 min
cuisson 45 min

4 à 6 portions

●

6 bulbes de fenouil

3 citrons

1 lime

125 ml (½ tasse) d'eau

330 ml (1 ⅓ tasse) de sucre

1 filet d'huile d'olive

Sel et poivre

125 ml (½ tasse) d'olives vertes
et noires, dénoyautées

Laver les bulbes de fenouil et couper en tranches de 1 cm (½ po) d'épaisseur. Retirer les zestes des citrons et de la lime.

Dans une grande casserole, porter l'eau et le sucre à ébullition. Incorporer les zestes. Laisser mijoter jusqu'à l'obtention d'un sirop.

Dans une poêle, faire revenir le fenouil dans l'huile d'olive jusqu'à coloration. Assaisonner. Déglacer avec le jus de 2 citrons.

Déposer la préparation de fenouil dans le sirop et ajouter les olives. Laisser mijoter 20 à 25 minutes à feu doux.

Laisser reposer à température ambiante.

Au moment de servir, poêler le tout rapidement et déglacer avec quelques gouttes de jus de citron ou de vinaigre de cidre.

Ajouter des haricots rouges à cette préparation. Délicieux et protéiné.

●

ou autour d'la tv ?

TOMATES FARCIES DE RIZ FRIT
AUX PETITS LÉGUMES

—

préparation 40 min
cuisson 45 min

4 à 6 portions

●

4 à 6 belles tomates

2 échalotes françaises, ciselées

2 gousses d'ail, hachées

2 filets d'huile d'olive

1 carotte, en dés

125 ml (½ tasse) de petits pois

125 ml (½ tasse) de
haricots rouges

6 champignons café, émincés

1 branche de céleri avec
feuilles, émincée

30 ml (2 c. à soupe) de pâte
de tomate

250 ml (1 tasse) de riz long

Sel et poivre

suffit-il de passer les fruits
et légumes sous l'eau
pour enlever les pesticides?
Il est très important de bien brosser les
fruits et légumes avant de les couper.
Éplucher un fruit avant de le laver n'est
pas une bonne solution puisque la lame
du couteau peut contaminer la chair du
fruit en plus d'éliminer une partie des
ses propriétés nutritives. Il ne faut pas
oublier de bien se laver les mains et la
surface de travail sur lequel reposait
le fruit pour éliminer toute trace
de pesticide.

Préchauffer le four à 160 °C (325 °F).

Laver les tomates et découper en surface un
couvercle sur chacune d'elles. Évider les tomates
à l'aide d'une cuillère. Conserver la pulpe
des tomates.

Dans un plat pouvant aller au four, déposer les
tomates creuses et réserver.

Dans une grande poêle, faire revenir les échalotes
et l'ail dans un filet d'huile d'olive. Ajouter les
carottes, les petits pois, les haricots rouges, les
champignons et le céleri. Arroser de pulpe de
tomate. Incorporer la pâte de tomate et le riz.
Verser de l'eau jusqu'à hauteur, assaisonner de sel
et de poivre et cuire à feu doux 15 à 20 minutes.

Une fois le riz et les légumes cuits, les faire saisir
rapidement dans un poêle avec un filet d'huile
d'olive afin d'obtenir un riz frit.

Farcir les tomates de préparation de riz aux petits
légumes. Cuire au four de 15 à 20 minutes.

Pour un délice, servir chaud avec un
coulis chaud de tomates ou de poivrons et
parsemer le tout de basilic frais haché.

●

ÉTUVÉE DE CÉLERI À LA TOMATE ET AUX CHAMPIGNONS

—

préparation 10 min
cuisson 25 min

4 à 6 portions

●

1 échalote française, ciselée

1 filet d'huile d'olive

5 branches de céleri, emincées

250 ml (1 tasse) de champignons de Paris
ou café, émincés

60 ml (¼ tasse) de vin blanc

1 gousse d'ail, hachée

250 ml (1 tasse) de tomates concassées

Sel et poivre

15 ml (1 c. à soupe) de pâte de tomate

Dans un grand poêlon, faire revenir l'échalote dans l'huile d'olive. Ajouter le céleri et les champignons. Déglacer avec le vin blanc. Ajouter l'ail et les tomates. Recouvrir d'eau et laisser mijoter à feu doux pendant 20 minutes. Assaisonner. Incorporer la pâte de tomate et remuer. Laisser réduire.

La saveur des branches de céleri rehausse les plats. Cet accompagnement sera parfait avec les lentilles et pois verts ou tout autre ragoût de légumineuses.

●

ROULADES D'AUBERGINES, TOMATES, BASILIC ET MOZZARELLA

—

préparation 30 min
cuisson 40 min

4 à 6 portions

●

3 aubergines

2 filets d'huile d'olive

Sel et poivre

1 gousse d'ail, hachée

2 échalotes françaises, ciselées

2 tomates bien mûres, en petits dés

250 ml (1 tasse) de feuilles de basilic

375 ml (1 ½ tasse) de mozzarella râpée

500 ml (2 tasses) de coulis de tomates

Préchauffer le four à 190 °C (375 °F).

Couper les aubergines en tranches de 1 cm ($\frac{1}{3}$ po) d'épaisseur dans le sens de la longueur. Les arroser d'un filet d'huile d'olive. Saler et poivrer. Mettre sur une plaque à cuisson et cuire au four environ 15 minutes. Retirer et réserver.

Dans une poêle, faire revenir l'ail et les échalotes dans un filet d'huile d'olive. Ajouter les tomates.

Au centre des tranches d'aubergine et sur toute leur longueur, déposer de la préparation de tomates. Parsemer de feuilles de basilic et de fromage. Enrouler les tranches. Les déposer dans un plat à gratin. Arroser de coulis de tomates. Cuire au four 15 à 20 minutes. Servir.

●

CROUSTILLANT D'ÉPINARDS AU BASILIC FRAIS

—

préparation 25 min
cuisson 20 min

4 à 6 portions

●

2 échalotes françaises, ciselées

1 filet d'huile d'olive

1 kg (2,2 lb ou environ 10 tasses)
d'épinards, ciselés

5 ml (1 c. à thé) de citron confit

Sel et poivre

250 ml (1 tasse) de feuilles de basilic

1 rouleau de pâte philo

15 ml (1 c. à soupe) de beurre fondu

Préchauffer le four à 190 °C (375 °F).

Dans une poêle, faire revenir les échalotes dans l'huile d'olive et ajouter les épinards. Incorporer le citron confit puis assaisonner de sel et de poivre.

En fin de cuisson et hors du feu, déposer les feuilles de basilic. Bien mélanger.

Installer sur le plan de travail, 4 fines feuilles de pâte philo. Les badigeonner soigneusement de beurre préalablement fondu.

Confectionner des petits carrés de 10 cm par 10 cm (4 po par 4 po). Au centre de chaque carré, déposer une part de préparation. Replier les pâtes pour former des triangles. Bien presser la pâte pour fermer hermétiquement. Badigeonner les triangles de beurre fondu. Cuire au four 10 à 15 minutes.

La préparation d'épinards seule, sans la pâte philo, est excellente comme trempette pour les crudités.

●

CIVET DE POMMES DE TERRE AUX SHIITAKES

—

préparation 15 min
cuisson 35 min

4 à 6 portions

●

½ oignon, haché

1 filet d'huile d'olive

5 pommes de terre, pelées, en morceaux

2 tomates bien mûres, hachées

15 ml (1 c. à soupe) de pâte de tomate

1 gousse d'ail, hachée

Sel et poivre

60 ml (¼ tasse) de vin blanc

250 ml (1 tasse) de coulis de tomates

500 ml (2 tasses) de champignons shiitakes, coupés en 2

15 ml (1 c. à soupe) de beurre

1 branche de thym

Dans une poêle, faire revenir l'oignon dans l'huile d'olive. Ajouter les morceaux de pommes de terre. À coloration, ajouter les tomates, la pâte de tomate et l'ail. Assaisonner de sel et de poivre et remuer le tout.

Déglacer avec le vin blanc et incorporer le coulis de tomates. Couvrir à hauteur avec de l'eau.

Dans une poêle, faire colorer les champignons dans le beurre puis les ajouter à la préparation de légumes. Ajouter le thym et cuire à feu doux jusqu'à complète cuisson des pommes de terre.

●

ORECCHIETTES AU BROCOLI ET TOMATES CERISES CONFITES

——

préparation 20 min
cuisson 40 min

4 à 6 portions

●

500 ml (2 tasses) de pâtes oriechiette
500 ml (2 tasses) de tomates cerises
3 gousses d'ail entières, écrasées
1 branche de thym
2 filets d'huile d'olive
1 échalote française, ciselée
1 brocoli, en petits bouquets
Sel et poivre
15 ml (1 c. à soupe) de graines de tournesol

Préchauffer le four à 180 °C (350 °F).

Dans une grande casserole d'eau bouillante salée, déposer les orecchiettes et cuire au ¾ du temps de cuisson. Égoutter et réserver.

Dans un plat à gratin, mettre les tomates cerises, les gousses d'ail et le thym. Verser un filet d'huile d'olive. Cuire au four 20 à 30 minutes.

Dans une poêle, colorer l'échalote dans un filet d'huile d'olive puis ajouter le brocoli. Assaisonner de sel et de poivre. Incorporer les orecchiettes ainsi que les tomates et l'ail confits. Parsemer de graines de tournesol. Servir.

●

LASAGNES DE COURGETTES AU JUS DE CITRON ET CANNEBERGES

——

préparation 15 min
cuisson 10 min

4 à 6 portions

●

3 courgettes vertes
3 courgettes jaunes
Jus de 1 citron
Jus de 1 lime
30 ml (2 c. à soupe) de beurre
1 filet d'huile d'olive
125 ml (½ tasse) d'eau
125 ml (½ tasse) de canneberges séchées
Sel et poivre
Quelques pluches d'aneth frais

Laver et couper les courgettes dans le sens de la longueur en fines tranches semblables à des pâtes à lasagne.

Dans une grande casserole d'eau bouillante salée, plonger les courgettes quelques secondes pour les faire blanchir sans les cuire. Déposer immédiatement dans un grand bol avec de la glace pour stopper la cuisson.

Dans une grande poêle, verser le jus des agrumes, ajouter le beurre, l'huile d'olive et l'eau. Incorporer les canneberges et porter à ébullition.

Déposer les lasagnes de courgettes dans la préparation de canneberges, assaisonner et remuer. Finir avec quelques pluches d'aneth en surface.

●

Légumes et fruits

GRATIN DE FIGUES FRAÎCHES AUX AMANDES

—

préparation 15 min
cuisson 10 min

4 à 6 portions

●

6 à 10 figues fraîches

4 jaunes d'œufs

60 ml (¼ tasse) de sucre

80 ml (⅓ tasse) de porto

80 ml (⅓ tasse) de poudre d'amande

Laver les figues fraîches à grande eau puis les diviser en 4. Les déposer dans un plat à gratin. Réserver.

Dans un bol à mélanger, déposer les jaunes d'œufs et le sucre puis battre énergiquement à l'aide d'un fouet.

Au bain-marie, monter cette préparation en sabayon avec le porto.

Incorporer la poudre d'amande et lier au besoin avec quelques filets d'eau.

Napper les figues du mélange. Cuire au four en position *grill* 10 minutes environ.

Absolument divin avec de la crème glacée à la vanille.

●

SALADE DE SUPRÊMES D'AGRUMES AUX FINES HERBES

—

préparation 20 min
cuisson aucune

4 à 6 portions

●

3 oranges

1 citron

2 pamplemousses roses

80 ml (⅓ tasse) de sucre

80 ml (⅓ tasse) de thé glacé

80 ml (⅓ tasse) de feuilles d'aneth

125 ml (½ tasse) de basilic frais, grossièrement haché

Laver soigneusement les agrumes, les peler et réserver les écorces.

Dans un bol à mélanger, déposer le sucre, le thé et les écorces pour obtenir un sirop. Remuer le tout et laisser reposer au frais.

À l'aide d'un petit couteau, retirer les suprêmes d'agrumes. Dans un bol à mélanger, déposer les fruits, les feuilles d'aneth et le basilic.

Verser le sirop préalablement passé au chinois, mélanger avec la salade et conserver au frais avant de servir.

●

le pamplemousse fait-il maigrir?
Bien que le pamplemousse soit peu calorique et peu sucré, il ne fait pas fondre les graisses... aucun aliment n'a cette vertu d'ailleurs...

TARTARE DE MANGUES ET DATTES FRAÎCHES
AU JUS D'ANANAS ET TOFU SOYEUX

preparation 15 min
cuisson aucune

4 à 6 portions

●

250 ml (1 tasse) de dattes
fraîches, dénoyautées, en dés

2 mangues pelées et dénoyautées,
en dés

Jus de ½ orange

Jus de 1 lime

½ ananas, pelé, cœur retiré,
en dés

180 ml (¾ tasse) de sorbet
aux fruits de la passion

60 ml (¼ tasse) de tofu soyeux

Dans un bol à mélanger, déposer les dattes et les mangues. Verser le jus d'orange et de lime. Remuer. Laisser reposer au frais environ 30 minutes.

Mixer la chair d'ananas à l'aide d'un mélangeur à main jusqu'à l'obtention d'une préparation liquide. Conserver au frais environ 1 heure.

Égoutter le mélange mangues et dattes à l'aide d'une passoire en conservant le liquide. Ajouter le jus obtenu au jus d'ananas.

Disposer le mélange de mangues et de dattes au fond d'une assiette creuse. Déposer dessus une quenelle de sorbet de fruits de la passion puis arroser tout autour de jus d'ananas parfumé aux mangues et aux dattes. Terminer en plaçant un peu de tofu soyeux sur le dessus.

●

le bleuet sauvage,
l'or du Québec?
Le bleuet se démarque surtout par sa teneur en anthocyanes (qui lui donne sa belle couleur bleutée), lesquelles ont un riche potentiel antioxydant. Outre la prévention du cancer, on accorde aux bleuets plusieurs vertus. Ils diminueraient le risque de maladies cardiovasculaires, pourraient, comme la canneberge, diminuer le risque d'infections urinaires, amélioreraient la vision nocturne et réduiraient la fatigue oculaire. Le bleuet sauvage, plus petit que le bleuet cultivé, a une plus grande concentration en antioxydants. Il compte parmi les meilleurs fruits pour la santé. En saison, il détrône le bleuet cultivé!

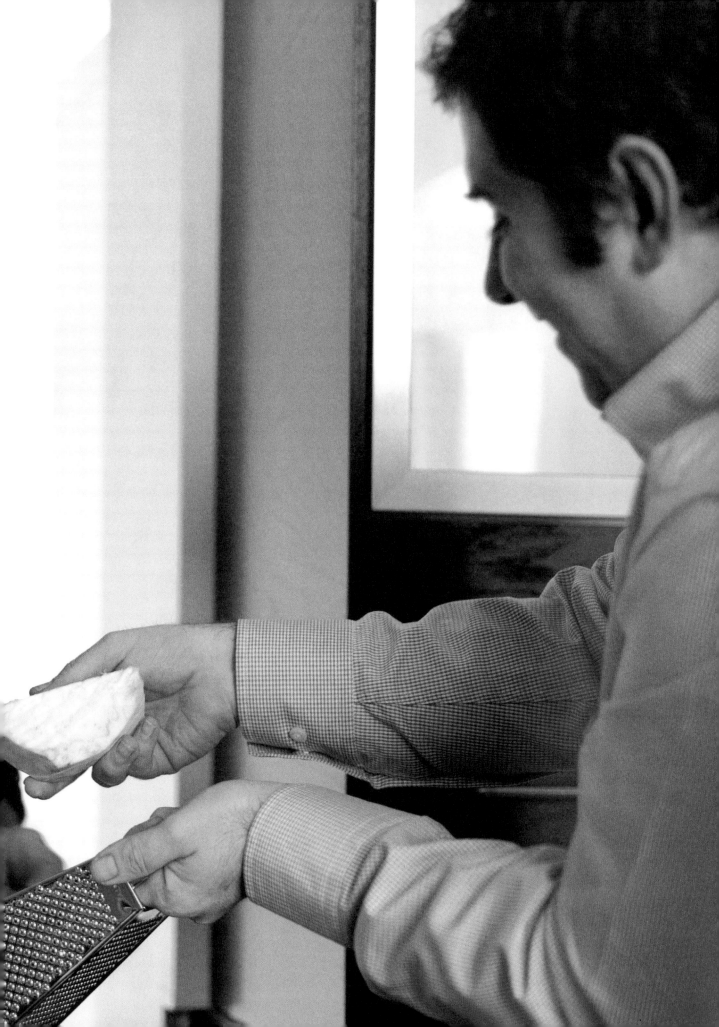

LES GRAINS CÉRÉALIERS

PLACE À LA VARIÉTÉ

—

LES GRAINS CÉRÉALIERS, PLACE À LA VARIÉTÉ

— par Isabelle Huot
docteure en nutrition —

Le riz et les pâtes font souvent partie de nos menus. On oublie qu'il y a une grande diversité de grains céréaliers que l'on gagne à découvrir.

cap sur des grains nutritifs qui agrémenteront nos plats !

L'ORGE

On dit que l'orge est en quelque sorte l'ancêtre des céréales, puisqu'il a été domestiqué il y a environ 10 000 ans. Une céréale qui figure donc depuis très longtemps dans l'alimentation ! Pourtant, il est relativement peu consommé aujourd'hui au Québec. On gagnerait à réintégrer l'orge à l'alimentation pour sa saveur unique, sa texture intéressante et parce qu'il fournit une bonne dose de fibres solubles, utiles entre autres dans le contrôle du cholestérol et de la glycémie.

Pour être comestible, le grain d'orge doit être débarrassé de son enveloppe extérieure. Si on arrête ici le décorticage, on obtient de l'orge mondé. Il est nutritif car il a conservé une bonne partie du son (riche en fibres) ainsi que plusieurs vitamines et minéraux. Si on poursuit le décorticage, on obtient de l'orge perlé (raffiné). Celui-ci contient moins de fibres, de vitamines et de minéraux que l'orge mondé, mais son avantage réside dans le fait qu'il prend environ la moitié moins de temps à cuire que l'orge mondé.

LE QUINOA

L'histoire du quinoa débute dans les Andes en Amérique du Sud, il y a plus de 6 000 ans. Étant une des rares plantes à pouvoir survivre au climat particulier des Andes, ce grain était à la base de l'alimentation des Boliviens, des Chiliens et des Péruviens.

Contrairement à ce que l'on pourrait penser, le quinoa ne fait pas partie de la famille des graminées comme le blé, l'orge et l'avoine. Il appartient à la famille des chénopodiacées (betterave, épinard, bette à carde, etc.). Pourtant, il est utilisé en alimentation comme un grain céréalier : en remplacement du riz ou du couscous, en salade, en gruau, dans les potages, en croquettes, en farce, etc. Il est facile à trouver dans la plupart des supermarchés, généralement dans la section biologique.

Qu'il soit blanc ou rouge, le quinoa se prépare comme le riz, à la différence qu'il faut le rincer avant de le cuire (afin de s'assurer de retirer une substance qui pourrait donner un goût amer au quinoa). Une fois cuit, le quinoa ressemble à un grain de riz, plus rond et plus translucide. Il est aussi plus croquant, puisque le quinoa renferme le germe, qui lui donne une agréable texture en plus de fournir des éléments nutritifs. Il est plus riche en protéines que la plupart des grains.

À savoir : le quinoa ne contient pas de gluten ; il est donc tout indiqué pour les personnes que souffrent d'intolérance au gluten, aussi appelée maladie cœliaque.

LE MILLET

Encore moins connu que l'orge et le quinoa chez nous, le millet est un petit grain (graminées) rond dont la couleur tire un peu sur le jaune. Largement consommé en Afrique et en Asie, le millet est toutefois beaucoup moins connu ici.

Le millet se trouve généralement dans la section biologique des supermarchés, ou encore dans les magasins d'alimentation naturelle. Le millet est généralement décortiqué (équivalent de l'orge perlé, c'est-à-dire qu'on a retiré son écorce ou une partie de son écorce). Ce faisant, il se cuisine plus rapidement, mais il perd malheureusement une partie de sa valeur nutritive. Le millet décortiqué est tout de même une source de phosphore, de zinc, de magnésium et de fibres. Il est aussi plus riche en protéines que le riz, l'orge et même que le quinoa.

Le millet se cuit comme le riz et peut se consommer en accompagnement. Cuit et refroidi, on peut en faire des salades. On peut le cuisiner en gruau, ou en dessert comme on le ferait pour un pouding au riz. On peut l'incorporer dans les soupes et les farces. Bref, les utilisations sont semblables à celles du riz, de l'orge et du quinoa.

À savoir : comme le quinoa, le millet convient aux personnes ayant une intolérance au gluten.

L'ÉPEAUTRE

L'épeautre est une ancienne variété de blé. Longtemps cultivé en Europe, l'épeautre a peu à peu été délaissé au XXe siècle, ayant un moins bon rendement que le blé commun. Par contre, il s'agit d'une bonne variété pour l'agriculture biologique, car elle est résistante à la sécheresse et peut pousser sur des terrains peu fertilisés.

L'épeautre est un petit grain brun qui, une fois décortiqué, peut être utilisé comme du riz. Le plus souvent, les grains d'épeautre sont moulus en farine utilisée principalement en boulangerie (souvent mélangée à la farine de blé régulière). En fait, on peut l'utiliser en remplacement du blé.

Cultivé à plus petite échelle, l'épeautre n'est généralement pas raffiné; sa farine conserve donc d'intéressants éléments nutritifs. À essayer pour son petit goût de noix. On trouve des pains d'épeautre dans plusieurs boulangeries artisanales, ainsi que dans certains supermarchés. Quant aux grains, on les cherche dans la section biologique des supermarchés ou dans les magasins d'alimentation naturelle.

LE KAMUT

Tout comme l'épeautre, le kamut est une ancienne variété de blé dont la culture a en quelque sorte été délaissée puisque ses rendements étaient moins optimaux que ceux du blé commun. Toujours comme l'épeautre, le kamut se prête bien à la culture biologique, poussant bien dans les sols non fertilisés. La farine de kamut est rarement raffinée, impliquant qu'elle contient tous ces éléments nutritifs.

En cuisine, on peut utiliser le kamut comme on utilise le blé; son goût est un peu plus sucré que ce dernier, et sa petite saveur de noisettes et de beurre se marie bien à la boulangerie, aux pâtisseries, aux pâtes alimentaires...

Bien que le kamut soit un peu plus riche en protéines que le blé traditionnel, ses principaux atouts résident dans son goût différent et le fait qu'il est rarement raffiné.

LE SARRASIN

Tout comme le quinoa, le sarrasin n'est pas vraiment une céréale à proprement dit puisqu'il n'appartient pas à la famille des graminées, mais bien à celle des polygonacées (oseille, rhubarbe, etc.). Aussi appelé blé noir, ces petits grains de forme triangulaire sont originaires d'Asie, où ils sont cultivés depuis quelques milliers d'années avant notre ère. Les grains rôtis (kasha) s'utilisent en accompagnement, en soupe, en ragoût, en céréales à déjeuner, en farce, en salade chaude ou froide, en gruau, etc.

Moulu en farine, le sarrasin est principalement utilisé au Québec pour confectionner des crêpes et des galettes, spécialité de la Bretagne (avec du beurre salé) ou d'ici (avec beurre et mélasse). Mais à travers le monde, la farine de sarrasin a bien d'autres utilisations : confection de nouilles (soba, Japon), de gâteaux, de biscuits, de blinis (petites crêpes russes), etc.

Utilisée seule, la farine de sarrasin n'est pas panifiable puisqu'elle ne contient pas de gluten (elle est donc tolérée par les personnes ayant la maladie cœliaque).

●

Comparaisons (Pour 125 ml (½ tasse) cuit, soit 1 portion du Guide alimentaire canadien)

NUTRIMENTS	RIZ BLANC (À GRAIN LONG)	RIZ BRUN (À GRAIN LONG)	ORGE PERLÉ	QUINOA	MILLET	SARRASIN (KASHA)
CALORIES (KCAL)	105	115	102	70	109	82
LIPIDES (G)	0,3	0,9	0,4	1,1	0,9	0,6
PROTÉINES (G)	2,1	2,7	1,9	2,5	3,2	3,0
GLUCIDES (G)	22,9	23,7	23,4	12,9	21,8	17,7
FIBRES (G)	0,4	1,5	2,0	1,3	2,7	2,4
FER (MG)	0,2	0,4	1,1	1,7	0,6	0,7
MAGNÉSIUM (MG)	11	44	1,8	39	40	45

POLENTA AU MIGNERON DE CHARLEVOIX

préparation 15 min
cuisson 20 min

4 à 6 portions

●

1 l (4 tasses) d'eau

Huile d'olive

45 ml (3 c. à soupe) de beurre

5 ml (1 c. à thé) de sel

310 ml (1 ¼ tasse) de semoule de maïs

250 ml (1 tasse) de fromage Migneron de Charlevoix, râpé

Sel et poivre

Dans une grande casserole, verser l'eau, un filet d'huile d'olive, le beurre et le sel. Porter à ébullition.

Une fois l'eau bien chaude, retirer du feu et verser la semoule de maïs en pluie dans l'eau. Remuer énergiquement avec un fouet.

Remettre la casserole sur le feu vif et porter à ébullition. Continuer à remuer pendant 2 à 3 minutes.

Incorporer le Migneron et cuire 10 minutes supplémentaires en remuant de temps à autre.

Verser un filet d'huile d'olive et assaisonner.

La polenta peut être consommée chaude telle quelle. Elle peut aussi être déposée sur une plaque à cuisson pour refroidir. Elle peut ensuite être moulée à l'aide d'un emporte-pièce. Faire revenir rapidement dans une poêle avec un filet d'huile d'olive avant de servir.

Succulent avec une petite sauce aux champignons, tomates et olives... un délice.

●

ORGEOTTO TRAITÉ COMME UN RISOTTO

préparation 15 min
cuisson 45 min

4 à 6 portions

●

250 ml (1 tasse) d'orge perlé

1 échalote française, ciselée

30 ml (2 c. à soupe) de beurre

750 ml (3 tasses) de bouillon de légumes

Sel et poivre

125 ml (½ tasse) de parmesan râpé

Dans une casserole d'eau bouillante, cuire l'orge perlé. Retirer puis égoutter.

Dans une grande poêle, faire revenir l'échalote dans une noix de beurre. Incorporer l'orge cuit et verser peu à peu le bouillon de légumes afin de monter l'orgeotto comme un risotto. Remuer continuellement. Assaisonner.

Ajouter le parmesan et le reste du beurre. Remuer. Servir bien crémeux.

Ce plat aura tout autant de succès qu'un risotto.

On peut utiliser l'orge mondé à la place de l'orge perlé en augmentant le temps de cuisson.

●

OGM ou Bio?

CANNELLONIS DE RAPINIS À LA RICOTTA

—

préparation 30 min
cuisson 45 min

4 à 6 portions

●

1 bouquet de rapinis

1 échalote française, ciselée

1 gousse d'ail, hachée

1 filet d'huile d'olive

Sel et poivre

250 ml (1 tasse) de fromage ricotta

8 à 12 petits carrés de pâtes
à lasagne fraîches

250 ml (1 tasse) de coulis de tomates

250 ml (1 tasse) de mozzarella râpée

Préchauffer le four à 150 °C (300 °F).

Dans une casserole d'eau bouillante, blanchir
les rapinis. Retirer, égoutter et couper en
petits morceaux.

Dans une poêle, faire revenir les rapinis, l'échalote
et l'ail dans l'huile d'olive. Assaisonner de sel et
de poivre puis incorporer le fromage ricotta.
Remuer et réserver.

Dans une grande casserole d'eau bouillante salée,
tremper les carrés de pâtes à lasagne jusqu'à mi-
cuisson. Retirer, égoutter et déposer à plat sur un
plan de travail.

Déposer un peu de préparation de rapinis au haut
de chaque carré de lasagne à l'aide d'une cuillère.
Rouler la pâte pour obtenir des cannellonis.

Placer les canellonis dans un plat à gratin.
Recouvrir de coulis de tomate et parsemer
de mozzarella râpée. Cuire au four 25 à
30 minutes. Servir.

●

SALADE DE MILLET COMME UN COUSCOUS

—

préparation 10 min
cuisson 40 min

4 à 6 portions

●

1 navet, en morceaux

1 carotte, en morceaux

¼ de courge musquée, en morceaux

5 ml (1 c. à thé) de sauce harissa

Sel et poivre

1 filet d'huile d'olive

250 ml (1 tasse) de millet

500 ml (2 tasses) de bouillon de légumes

1 pincée de cumin

125 ml (½ tasse) de pois chiches

Dans une casserole d'eau bouillante salée, cuire
le navet, la carotte et la courge. Ajouter la sauce
harissa. Rectifier l'assaisonnement au besoin.
Réserver.

Dans une casserole, verser l'huile d'olive, ajouter le
millet, remuer et ajouter immédiatement le bouillon
de légumes. Cuire jusqu'à cuisson complète du
millet. Ajouter le cumin. Réserver.

Avant de servir, réchauffer les légumes dans
leur bouillon. Servir bien chaud à la manière d'un
couscous de légumes en ajoutant les pois chiches.

●

Grains céréaliers

ARANCINIS
AU PARMESAN

—

préparation 30 min
cuisson 45 min

4 à 6 portions

●

80 ml (⅓ tasse) d'oignon, en dés

30 ml (2 c. à soupe) de beurre

180 ml (⅔ tasse) de riz à risotto
(style arborio)

50 ml (3 c. à soupe + 1 c. à thé)
de vin blanc

500 ml (2 tasses) de bouillon
de légumes chaud

125 ml (½ tasse) de parmesan

1 œuf

Chapelure

Sel et poivre

Dans une grande casserole, faire revenir l'oignon dans 15 ml (1 c. à soupe) de beurre. Une fois l'oignon translucide, ajouter le riz et remuer pour le nacrer. Verser le vin blanc et réduire « à sec ».

Ajouter le bouillon de légumes une louche à la fois. Chaque fois que le liquide est absorbé, rajouter du bouillon. Lorsque le riz est cuit mais encore croquant au centre, mouiller avec une dernière louche de bouillon. Ajouter ensuite 15 ml (1 c. à soupe) de beurre et le parmesan. Assaisonner.

Déposer le risotto sur une plaque et le réserver au réfrigérateur.

Une fois la préparation bien froide, former des boules de la grosseur d'un abricot avec les mains.

Dans un petit bol à mélanger, casser l'œuf et le battre. Assaisonner.

Dans un autre bol à mélanger, verser la chapelure.

Plonger les boules dans l'œuf battu puis dans la chapelure.

Chauffer l'huile dans la friteuse à 190 °C (375 °F) et plonger les arancinis. Les faire dorer puis les déposer sur du papier absorbant.

Servir tiède.

Excellent pour les 5 à 7 et autres réceptions.

●

POUR LA SOUVERAINETé...
... ALIMENTAIRE !!!

RIZ PILAF AUX ASPERGES
ET CHAMPIGNONS

———

préparation 20 min
cuisson 45 min

4 à 6 portions

●

½ botte d'asperges vertes
et blanches, en rondelles

1 gros oignon, émincé

1 filet d'huile d'olive

125 ml (½ tasse) de beurre

250 ml (2 tasses) de riz long

Sel et poivre

1 branche de thym

1 feuille de laurier

125 ml (½ tasse) de champignons
café ou blancs, tranchés

30 ml (2 c. à soupe)
de persil, haché

Préchauffer le four à 190 °C (375 °F).

Dans une casserole d'eau bouillante salée, cuire les asperges. Retirer et conserver l'eau de cuisson.

Dans une grande poêle, faire revenir l'oignon dans l'huile d'olive et la moitié du beurre. Incorporer le riz. Le nacrer sans coloration pendant quelques minutes. Mouiller avec l'eau de cuisson des asperges soit 2 fois le volume de riz. Assaisonner avec le sel et le poivre. Ajouter le thym et le laurier. Porter le tout à ébullition puis transférer la préparation dans un plat à gratin. Cuire au four 15 à 20 minutes.

Dans une poêle, faire revenir les champignons et les rondelles d'asperges dans l'autre moitié de beurre.

Incorporer la préparation de légumes au riz. Continuer la cuisson au four 5 à 10 minutes supplémentaires. Ajouter le persil et servir.

Servir avec de fines tranches de tofu simplement grillées ou saisies à la poêle.

●

les champignons sont-ils
dépourvus de valeur nutritive?
Bien qu'ils soient peu vitaminés, les champignons sont largement consommés en Asie pour leurs vertus sur le système immunitaire. Le shiitakee serait le champignon le plus efficace pour renforcer nos défenses naturelles.

Grains céréaliers

GALETTES DE SARRASIN
AUX LÉGUMES CONFITS

——

préparation 60 min
cuisson 50 min

4 à 6 portions

●

Pour les galettes

325 ml (3 tasses) de farine
de sarrasin

500 ml (2 tasses) de
farine blanche

15 ml (1 c. à soupe) de sel fin

125 ml (½ tasse) de beurre, fondu

6 œufs

1 l (4 tasses) de lait

Pour les légumes confits

2 oignons, émincés

Huile d'olive

1 poivron rouge, en lanières

1 poivron jaune, en lanières

2 courgettes, en fines rondelles

1 aubergine, en fines rondelles

4 gousses d'ail, écrasées

2 branches de thym

Sel et poivre

1 pincée de piment d'Espelette

Préchauffer le four à 150 °C (300 °F).

Préparer les galettes. Dans un bol à mélanger, déposer les 2 types de farine et le sel. Incorporer le beurre fondu. Faire un puits dans la farine et y déposer les œufs. À l'aide d'un fouet, remuer délicatement puis verser le lait peu à peu. Remuer jusqu'à l'obtention d'une pâte lisse et homogène.

Laisser reposer 1 à 2 heures au frais.

Dans une poêle à crêpes, cuire les galettes en utilisant chaque fois 1 noisette de beurre. Réserver.

Préparer les légumes confits. Dans une poêle bien chaude, faire revenir l'oignon dans un filet d'huile d'olive. Incorporer les poivrons, les courgettes et l'aubergine ainsi que l'ail et le thym. Saler et poivrer. Ajouter le piment d'Espelette. Rajouter un filet d'huile d'olive sur le dessus de la préparation.

Placer dans un plat à gratin et cuire au four pendant 20 à 30 minutes.

Déposer un peu de légumes confits au centre de chacune des galettes chaudes et rouler.

Avec un bon cidre, c'est
l'accord parfait.

●

PAËLLA
VÉGÉTARIENNE

—

préparation 40 min
cuisson 45 min

4 à 6 portions

●

2 échalotes françaises, ciselées

4 gousses d'ail, hachées

Huile d'olive

1 poivron rouge, en lanières

1 poivron vert, en lanières

Quelques champignons
de Paris, tranchés

4 à 6 cœurs d'artichauts, cuits

125 ml (½ tasse) de petits
pois frais

125 ml (½ tasse) d'olives
vertes, dénoyautées

375 ml (1 ½ tasse) de riz long

3 tomates cuites concassées

750 ml (3 tasses) de bouillon
de légumes

5 ml (1 c. à thé) d'épices
à paëlla

1 pincée de piment d'Espelette

Sel et poivre

1 citron, coupé en quartiers

Dans une grande poêle, faire revenir les échalotes et l'ail dans un filet d'huile d'olive.

Ajouter les poivrons, les champignons et les cœurs d'artichauts. Incorporer les petits pois et les olives.

Ajouter le riz long au mélange de légumes ainsi que les tomates concassées préalablement mixées. Remuer et arroser avec le bouillon de légumes. Parfumer ensuite avec le mélange d'épices et le piment d'Espelette. Saler et poivrer puis cuire à couvert à feu doux pendant 30 minutes.

Au moment de servir, déposer des quartiers de citrons sur la surface. Servir chaud.

C'est encore meilleur avec l'ajout de quelques légumineuses comme des pois chiches ou des haricots rouges.

●

l'ail tue-t-il la grippe?
L'ail a de nombreuses vertus salutaires si bien que certains spécialistes de la santé recommandent d'en consommer une gousse tous les jours... Il favoriserait la santé du cœur (notamment avec son action sur le cholestérol sanguin et la tension artérielle) en plus de stimuler les défenses naturelles aidant l'organisme à mieux résister aux virus et bactéries... oui, il peut aider à prévenir le rhume et la grippe. Pour vaincre l'haleine tenace après avoir consommé de l'ail, croquez dans une branche de persil frais!

Grains céréaliers

MUFFINS À L'EMMENTAL ET AUX FLOCONS D'AVOINE

—

préparation 30 min
cuisson 20 min

12 muffins

●

180 ml (¾ tasse) de farine

60 ml (¼ tasse) de flocons d'avoine

5 ml (1 c. à thé) de bicarbonate de soude

1 pincée de sel

160 ml (⅔ tasse) d'emmental râpé

250 ml (1 tasse) de lait

2 œufs

45 ml (3 c. à soupe) d'huile d'olive

125 ml (½ tasse) de courgettes,
en dés et cuites

Sel et poivre

Préchauffer le four à 200 °C (400 °F).

Dans un bol à mélanger, déposer la farine et les flocons d'avoine. Mélanger. Incorporer le bicarbonate et le sel. Remuer puis ajouter le fromage en réservant ¼ de tasse (60 ml) pour utilisation ultérieure.

Dans un autre bol à mélanger, verser le lait, les œufs, l'huile d'olive ainsi que les courgettes. Mélanger à l'aide d'une fourchette. Assaisonner de sel et de poivre. Incorporer cette préparation au premier mélange. Remuer.

Remplir au ¾ des petits ramequins à muffins en silicone. Saupoudrer d'un peu d'emmental râpé. Cuire au four pendant environ 20 minutes.

Parfait en entrée avec une salade de tomates fraîches et olives ou simplement pour accompagner vos 5 à 7 animés.

●

PETITS GÂTEAUX DE SEMOULE AUX FRUITS CONFITS

—

préparation 10 min
cuisson 10 min

4 à 6 portions

●

1 l (4 tasses) de lait

125 ml (½ tasse) de sucre

30 ml (2 c. à soupe) d'essence de vanille

125 ml (½ tasse) de semoule de maïs

80 ml (⅓ tasse) de fruits confits mélangés

1 pincée de cannelle en poudre

Dans une grande casserole, verser le lait et le sucre. Ajouter l'essence de vanille. Porter à ébullition.

Verser la semoule en pluie dans le lait et cuire à feu doux en remuant continuellement à l'aide d'une spatule.

Une fois la semoule épaissie, ajouter les fruits confits et la cannelle. Bien remuer.

Verser la préparation dans de petits ramequins. Mettre au frais 2 à 3 heures avant de servir.

Ce dessert est succulent servi froid.

●

LE LAIT, LES ŒUFS ET LES BOISSONS VÉGÉTALES

UN, DEUX, TROIS
ÇA ROULE !

—

LAIT ET BOISSONS VÉGÉTALES :
PORTRAIT DE LEUR VALEUR NUTRITIVE

— par Isabelle Huot
docteure en nutrition —

Le rayon des produits laitiers et des boissons végétales a connu une véritable explosion au cours des dernières années. Jadis réservées aux enfants souffrant d'allergies au lait de vache, les boissons de soya ou de riz connaissent maintenant une popularité grandissante.

le lait : une boisson de haute valeur nutritionnelle

Bien qu'il ait eu mauvaise presse au cours des dernières années, on ne peut douter de la valeur nutritionnelle exceptionnelle du lait. Grâce à son contenu en protéines, calcium, vitamine D, phosphore, magnésium, potassium, vitamines A et B12, le lait (ou un substitut végétal enrichi en calcium et en vitamine D) est un incontournable. Si l'on surveille son poids ou son cholestérol sanguin, on choisira les versions allégées en matières grasses (2 %, 1 % ou écrémé).

les laits à valeur ajoutée

Au Québec, la consommation moyenne de produits laitiers est inférieure aux recommandations. À moins de deux portions par jour, il devient difficile de combler ses besoins en calcium. Dans ce contexte, les laits enrichis en calcium sont conseillés. Ces derniers apportent, par portion, près de 40 % de l'apport recommandé en calcium pour la journée.

Les personnes souffrant d'intolérance au lactose pourront se tourner vers des boissons végétales ou opter pour un lait dont le lactose a été hydrolysé, par exemple les laits *Lactaid* et *Lacteeze* qui n'occasionneront pas de symptômes gastro-intestinaux.

La nouvelle mode est aux oméga-3. Les besoins en oméga-3 d'origine végétale ont été établis à 1,1 g par jour pour les femmes (1,4 g durant la grossesse) et à 1,6 g pour les hommes. Certaines compagnies offrent de laits enrichis en huile de lin, une excellente source d'oméga-3.

Le lait de chèvre est particulièrement intéressant pour les personnes ayant de la difficulté à digérer les matières grasses. Ses globules de gras étant plus petits, il est plus facilement digestible. Il est aussi plus riche en lactose, en calcium et en vitamine D que le lait de vache. Il est naturellement plus riche en vitamine A, mais il devra être enrichi en acide folique.

Les laits aromatisés sont plus riches en glucides que les laits réguliers ; certains apportent jusqu'à 40 grammes de glucides par portion (8 c. à thé de sucre), soit l'équivalent d'une boisson gazeuse. Bien que les laits aromatisés contiennent tous les éléments nutritifs du lait régulier, une consommation régulière peut favoriser la prise de poids. Il est recommandé d'opter pour les laits aromatisés les moins riches en sucres.

Les laits biologiques connaissent aussi une croissance significative. Ils proviennent de vaches ou de chèvres nourries avec une moulée et un fourrage biologiques, dépourvus de pesticides et d'herbicides, sans farines animales, ni OGM. Ces animaux ne reçoivent ni antibiotiques, ni hormones.

les boissons végétales : un choix gagnant

Les boissons de soya représentent, à condition d'être enrichies de calcium et de vitamine D, un choix de rechange, ou encore une boisson complémentaire, au lait. Contenant la précieuse protéine de soya, la boisson peut contribuer à réduire le cholestérol sanguin. Ses phytœstrogènes peuvent pallier, en partie, le déficit en œstrogène qui survient à la ménopause, voire contribuer à prévenir le cancer du sein surtout si le soya est introduit dans l'alimentation avant la puberté.

La teneur en glucides des boissons de soya peut se rapprocher de celle du lait (environ 12 grammes), et est beaucoup moindre dans le cas des versions non sucrées. Par contre, les versions aromatisées (vanille, chocolat) peuvent atteindre 27 grammes de glucides, soit l'équivalent de 5 c. à thé de sucre... Les boissons moins sucrées sont à privilégier.

Les boissons de riz sont moins intéressantes dans le sens où elles apportent moins de protéines et plus de glucides que le lait et les boissons de soya. Elles représentent toutefois un choix intéressant pour les personnes allergiques aux protéines laitières et au soya.

l'œuf : une protéine de choix

Longtemps mis au banc des accusés, l'œuf retrouve enfin ses lettres de noblesse. Fournissant des protéines d'excellente qualité, il apporte également de nombreux nutriments essentiels dont les vitamines A et D.

le jaune et le blanc

Le jaune d'œuf est principalement constitué de matières grasses et le blanc est riche en protéines. Celles-ci sont de si bonne qualité qu'elles servent de référence pour évaluer la teneur protéique des autres aliments ! L'œuf est aussi source de 14 éléments nutritifs essentiels : des vitamines (A, D, E, B12, acide folique...), des minéraux (fer, zinc, phosphore, etc.) ainsi d'autres substances bénéfiques (lutéine, zéaxanthine, choline, etc.).

cholestérol : doit-on limiter sa consommation d'œufs?

Étant donné leur teneur en cholestérol, les œufs ont souvent eu mauvaise presse. Pourtant, ce sont davantage les mauvais gras qui influencent le cholestérol sanguin. Parmi ceux-ci, les gras saturés et les gras trans. Les gras saturés font augmenter le mauvais cholestérol. Les gras trans (qui se cachent dans les aliments ayant été fabriqués avec de l'huile hydrogénée ou du shortening, tels que les pâtisseries, beignes, craquelins) sont encore plus sournois que les gras saturés car en plus de faire augmenter le mauvais cholestérol, ils font aussi diminuer le bon cholestérol.

Malgré une controverse récente, la plupart des adultes en bonne santé ayant une alimentation équilibrée et un taux de cholestérol sanguin normal peuvent consommer 1 œuf par jour sans problème. La limite de 3 œufs par semaine s'adresse aux gens ayant un taux de cholestérol sanguin anormalement élevé ou présentant un autre facteur de risque les prédisposant à une maladie cardiovasculaire (tabagisme, embonpoint, hypertension, etc.).

les blancs d'œufs liquides

En plus d'être souvent pasteurisées (ce qui en fait un choix idéal pour les recettes qui ne subissent pas de cuisson), les préparations de blancs d'œufs liquides sont une bonne façon de réduire la teneur en matières grasses ou en cholestérol des recettes. Par exemple, une omelette pourrait être cuisinée avec un œuf régulier et 50 ml de blanc d'œuf liquide ; en utilisant un seul jaune, on réduit de moitié la teneur en gras et en cholestérol.

À noter : un œuf moyen ou gros équivaut à 50 ml de blanc d'œuf liquide.

les œufs bruns sont-ils plus nutritifs que les œufs blancs?

Contrairement aux pains, où le brun (blé entier) est plus nutritif que le blanc (raffiné), les œufs de poule blancs et bruns ont la même valeur nutritive. La seule différence entre eux est la race de la poule : par exemple, les poules blanches Leghorn pondent des œufs blancs, alors que les poules rousses Rhode Island en pondent des bruns. Si les œufs bruns coûtent parfois un peu plus cher que les œufs blancs, ce n'est pas dû à une quelconque vertu santé, mais plutôt au fait que les pondeuses d'œufs bruns sont parfois de plus grosse taille et nécessitent donc plus de nourriture, ce qui influence le coût de production.

à chaque chose sa place

Saviez-vous que la porte du réfrigérateur n'est pas la meilleure place pour conserver les œufs ? Il est préférable de les laisser dans leur contenant d'origine sur les tablettes du réfrigérateur. Dans la porte, ils subissent plus de variations de température et en dehors de leur contenant, ils risquent davantage d'absorber les odeurs ambiantes.

●

Valeur nutritive de différentes variétés d'œufs (pour un œuf)

ESPÈCE	POIDS (G)	ÉNERGIE (KCAL)	PROT (G)	GRAS (G)	CHOL (MG)
Caille	9	14	1,2	1	76
Poule, jaune seulement	15	57	2,7	5	190
Poule, blanc seulement	35	16	3,5	0	0
Poule, entier (blanc/brun)	50	73	6,2	5	190
Cane	70	130	9,0	10	619
Dinde	79	135	10,8	9	737
Oie	144	266	20,0	19	1227

FRITTATTA À LA RATATOUILLE

━━

préparation 20 min
cuisson 45 min

4 à 6 portions

●

½ oignon, haché

1 filet d'huile d'olive

1 courgette, en morceaux

½ aubergine, en morceaux

½ poivron rouge, en morceaux

1 poivron vert, en morceaux

3 tomates, en morceaux

15 ml (1 c. à soupe) de pâte de tomate

1 branche de thym

8 œufs

250 ml (1 tasse) de lait

Sel et poivre

Préchauffer le four à 180 °C (350 °F).

Dans une grande poêle, faire revenir l'oignon dans l'huile d'olive. Ajouter les autres légumes. À coloration, déposer la pâte de tomate avec la branche de thym puis recouvrir d'eau. Laisser réduire à feu doux 20 à 30 minutes.

Dans un bol à mélanger, déposer les œufs et le lait. Battre énergiquement à l'aide d'un fouet. Ajouter la ratatouille.

Verser la préparation dans un plat à gratin. Cuire au four 15 à 20 minutes.

Une autre façon de déguster une omelette.. Pour un petit changement et plus d'éléments nutritifs, ajouter des cubes de tofu ferme dans la ratatouille, c'est excellent !

●

BROUILLADE D'ŒUFS AUX ÉCHALOTES ET ASPERGES

━━

préparation 20 min
cuisson 25 min

4 à 6 portions

●

15 ml (1 c. à soupe) de beurre

1 filet d'huile d'olive

4 échalotes françaises, émincées

½ botte d'asperges vertes, en fines rondelles

Sel et poivre

250 ml (1 tasse) de lait

6 à 10 œufs entiers

1 tomate fraîche, en morceaux avec la pulpe

15 ml (1 c. à soupe) d'estragon, haché

Dans une casserole, déposer le beurre et l'huile d'olive. Ajouter les échalotes et les asperges. Cuire jusqu'à coloration puis assaisonner de sel et de poivre.

Dans un bol à mélanger, verser le lait. Ajouter les œufs. Battre à l'aide d'un fouet.

Incorporer la tomate à la préparation chaude.

Verser le mélange de lait et d'œufs battus dans la casserole de légumes puis remuer à l'aide d'une spatule. Saupoudrer d'estragon et assaisonner de sel et poivre. Monter la brouillade d'œufs à même la casserole.

Ajouter un léger filet d'huile de truffe et la préparation se transformera en plat de fête.

●

TOUS POUR LA TERRE - MER...

Lait, œufs et boissons végétales

SOUFFLÉ DE COURGETTES
AU GRUYÈRE

——

préparation 40 min
cuisson 30 min

4 à 6 portions

●

2 courgettes, en rondelles

1 filet d'huile d'olive

1 échalote française, ciselée

1 gousse d'ail, hachée

6 œufs, blancs et jaunes séparés

250 ml (1 tasse) de lait

180 ml (¾ tasse) de gruyère râpé

2 tranches de pain de mie

45 ml (3 c. à soupe) de farine

30 ml (2 c. à soupe) de beurre

Sel et poivre

Préchauffer le four à 180 °C (350 °F).

Dans une poêle, faire revenir les courgettes dans l'huile d'olive. Incorporer l'échalote et l'ail. Faire revenir le tout.

Dans un bol à mélanger, déposer les jaunes d'œufs, le lait et le gruyère râpé.

Tremper les tranches de pain et les déposer dans un mélangeur avec les courgettes cuites. Assaisonner. Mixer le tout en incorporant la farine.

Ajouter ce mélange à la préparation de jaunes d'œufs et de lait.

Monter les blancs d'œufs en neige. Incorporer la préparation de courgettes en mélangeant délicatement à l'aide d'une spatule.

Beurrer un grand moule à soufflé ou des moules individuels. Y verser la préparation jusqu'au trois quart. Cuire au four de 15 à 20 minutes pour un gros moule et 10 minutes pour les plus petits. Servir immédiatement.

●

est-ce vrai qu'il y a beaucoup de producteurs bio au Québec? Il y avait, en 2010, 100 producteurs de lait bio comparativement à 6 332 producteurs de lait conventionnels, 322 fermes céréalières bio, une soixantaine de producteurs de bœuf, de poulet et de porc bio. Il y a encore du chemin à faire... (*La semaine verte*, Radio-Canada)

PANACOTTA DE CHOU-FLEUR ET COULIS DE POIVRONS

préparation 25 min
cuisson 40 min

4 à 6 portions

●

½ chou-fleur

500 ml (2 tasses) de lait

500 ml (2 tasses) de crème 15 %

Sel et poivre

4 feuilles de gélatine

2 poivrons rouges, en morceaux

1 filet d'huile d'olive

1 noisette de beurre

Dans une casserole d'eau bouillante, cuire le chou-fleur jusqu'à mi-cuisson. Retirer, égoutter et terminer la cuisson dans une autre casserole avec le lait et la crème. Mixer la préparation et assaisonner de sel et de poivre.

Tremper les feuilles de gélatine dans un bol d'eau tiède selon les recommandations du fabricant puis les incorporer à la préparation de chou-fleur. Bien mélanger à l'aide d'un fouet.

Remplir des coupes avec la préparation du panacotta. Laisser reposer au frais 1 à 2 heures.

Dans une poêle, faire revenir les poivrons dans l'huile d'olive jusqu'à cuisson complète. Assaisonner et verser de l'eau jusqu'à hauteur. Incorporer la noisette de beurre et mixer jusqu'à l'obtention d'un coulis. Verser le coulis sur le dessus des panacotta. Servir froid.

●

MOUSSE DE CAROTTES AU CHÈVRE FRAIS

préparation 35 min
cuisson 25 min

4 à 6 portions

●

375 ml (1 ½ tasse) de carottes, en fines rondelles

125 ml (½ tasse) de lait

125 ml (½ tasse) de crème 35 %

1 pincée de cumin

Sel et poivre

2 œufs

1 bûchette de fromage de chèvre frais, émietté

1 filet d'huile d'olive

½ botte de ciboulette, ciselée

Dans une casserole d'eau bouillante salée, cuire les carottes. Les retirer rapidement.

Dans une autre casserole, verser le lait, la crème et le cumin. Porter à ébullition. Ajouter les carottes cuites. Assaisonner. Ajouter les œufs. Remuer et laisser mijoter.

Dans un bol à mélanger, déposer le fromage de chèvre. Verser l'huile d'olive et ajouter la ciboulette. Saler et poivrer. Écraser la préparation à l'aide d'une fourchette.

Placer les préparations de carottes et de fromage de chèvre dans un mixeur. Mélanger jusqu'à l'obtention d'une préparation lisse et homogène.

Verser dans des ramequins individuels. Laisser reposer 2 à 3 heures au frais avant de les démouler et de les déposer dans une assiette de service.

Excellent accompagné d'une petite sauce de poivrons rouges. Une jolie petite entrée…

●

MOUSSEUX DE CÉLERI-RAVE ET BROCOLI

———

préparation 30 min
cuisson 20 min

4 à 6 portions

●

¼ de céleri-rave, en morceaux

500 ml (2 tasses) de crème 35 %

Sel et poivre

1 bouquet de brocoli, en bouquets

1 échalote française, finement hachée

15 ml (1 c. à soupe) d'aneth, haché

Dans une casserole d'eau bouillante, cuire le céleri-rave. Une fois cuit, le mixer en purée. Réserver.

Monter la crème en Chantilly (fouetter la crème) à l'aide d'un mélangeur à main.

Une fois la purée de céleri-rave refroidie, l'incorporer à la Chantilly en pliant délicatement à l'aide d'une spatule. Conserver la crème au frais.

Réduire les bouquets de brocoli en petits grains.

Dans un bol à mélanger, déposer les grains de brocoli avec l'échalote et l'aneth. Saler et poivrer. Remuer. Incorporer à la Chantilly. Remuer.

Conserver le tronc du brocoli pour une autre utilisation.

Cette recette est excellente en mousseline pour les petites bouchées apéritives, mais aussi comme garniture avec une salade d'endives et noix.

●

les avocats sont-ils trop riches en gras?
Plutôt caloriques (300 calories) et riches en gras (30 grammes de gras), les avocats sont pourtant constitués de bons gras comme ceux que l'on retrouve dans l'huile d'olive. Si on surveille son poids, on tente de partager un avocat en deux pour réduire l'apport calorique.

« CLAFOUTIS » DE PANAIS ET PERSIL PLAT

—

AUJOURD'HUI
JE MANGE
VEGÉ,

DE MAIN
JE VERRAI.

préparation 25 min
cuisson 35 min

4 à 6 portions

●

3 panais, en rondelles

5 œufs

750 ml (3 tasses) de lait

125 ml (½ tasse) de farine

2 échalotes françaises, ciselées

1 filet d'huile d'olive

60 ml (¼ tasse) de tomates concassées

45 ml (3 c. à soupe) de persil, haché

1 pincée de piment d'Espelette

Sel et poivre

Préchauffer le four à 180 °C (350 °F).

Dans une casserole d'eau bouillante salée, cuire les rondelles de panais 5 minutes. Retirer et réserver.

Dans un grand bol à mélanger, déposer les œufs, le lait et la farine. Remuer à l'aide d'un fouet.

Dans une poêle, faire revenir les échalotes dans l'huile d'olive. Ajouter les tomates. Incorporer le panais cuit, le persil et le piment d'Espelette. Assaisonner. Bien mélanger à la préparation.

Verser dans un plat à gratin préalablement huilé. Cuire au four 35 minutes.

●

Lait, œufs et boissons végétales

QUICHE AUTOUR
D'UNE BETTE À CARDE

—

préparation 20 min
cuisson 40 min

4 à 6 portions

●

3 branches de bettes à carde
avec ses feuilles

1 échalote française, ciselée

1 noisette de beurre

Sel et poivre

3 œufs

125 ml (½ tasse) de crème 15 %

125 ml (½ tasse) de lait

1 filet d'huile d'olive

1 fond de pâte feuilletée

125 ml (½ tasse) de gruyère râpé

Préchauffer le four à 180 °C (350 °F).

Laver les branches de bette à carde soigneusement. Séparer les feuilles des tiges. Émincer les tiges. Ciseler les feuilles.

Dans un poêle, faire revenir les tiges de bettes à carde et l'échalote dans le beurre. À coloration, ajouter les feuilles ciselées et assaisonner de sel et de poivre.

Dans un bol à mélanger, déposer les œufs et les battre énergiquement à l'aide d'un fouet. Ajouter la crème et le lait. Remuer.

Incorporer le mélange d'œufs à la préparation de légumes cuits. Ajouter un filet d'huile d'olive. Mélanger.

Déposer le fond de tarte feuilletée dans une moule à tarte. Verser la préparation sur le fond de tarte. Parsemer de gruyère râpé. Cuire au four environ 30 minutes.

Cette quiche peut être dégustée froide ou chaude.

●

CRÈME RENVERSÉE AUX ŒUFS COMME AUTREFOIS

—

préparation 20 min
cuisson 35 min

4 à 6 portions

●

125 ml (½ tasse) de sucre

15 ml (1 c. à soupe) d'essence de vanille

500 ml (2 tasses) de lait

4 œufs

Préchauffer le four à 160 °C (325 °F).

Dans une casserole, démarrer un caramel avec 75 ml (5 c. à soupe) de sucre et quelques gouttes d'eau.

Une fois le caramel blond, verser dans un plat à gratin.

Dans une autre casserole, déposer le restant du sucre, l'essence de vanille et le lait. Porter à ébullition.

Dans un bol à mélanger, battre les œufs à l'aide d'un mélangeur à main. Ajouter le mélange de lait chaud peu à peu en remuant.

Verser sur le caramel dans le plat à gratin. Cuire au four 30 minutes dans un bain-marie (déposer le plat à gratin dans un autre plat contenant de l'eau chaude).

●

SABAYON AU CIDRE DE GLACE, ANANAS RÔTI ET TOFU SOYEUX

—

préparation 25 min
cuisson 30 min

4 à 6 portions

●

½ ananas frais, en morceaux

15 ml (1 c. à soupe) de beurre

80 ml (⅓ tasse) de sucre

125 ml (½ tasse) de tofu soyeux

Quelques gouttes d'eau

Quelques gouttes de jus de citron

4 jaunes d'œufs

60 ml (¼ tasse) de cidre de glace

Dans une poêle, caraméliser les morceaux d'ananas dans le beurre et 45 ml (3 c. à soupe) de sucre. Retirer et disposer dans des coupes à desserts.

Déposer sur le dessus des ananas un peu de tofu soyeux et laisser reposer au frais.

Utiliser un bain-marie pour la cuisson du sabayon. Dans la partie supérieure du bain-marie, mettre le sucre restant, l'eau et les gouttes de jus de citron. Incorporer les jaunes d'œufs et battre le tout vigoureusement à l'aide d'un fouet afin de bien émulsionner le sabayon. Terminer en incorporant le cidre de glace.

Verser le sabayon bien chaud dans les coupes. Servir.

●

VERS UN VÉGÉTARISME ÉQUILIBRÉ

— Isabelle Huot
docteure en nutrition —

L'alimentation végétarienne suscite de plus en plus d'intérêt. À preuve, la multiplication des produits végétariens sur le marché et des restaurants proposant des menus sans viande. Que ce soit pour des raisons morales, de santé ou de religion, le végétarisme a la cote ! Si l'on opte pour ce mode de vie, que ce soit à temps plein ou à temps partiel, il faut bien gérer ses menus pour éviter toute déficience nutritionnelle...

les avantages du végétarisme

En laissant de côté la viande et parfois aussi les autres aliments d'origine animale, les végétariens consomment moins de gras saturés. Ce faisant, ils suivent la recommandation de limiter ce type de gras puisqu'il tend à augmenter le mauvais cholestérol sanguin, qui favorise les dépôts dans les artères. En réduisant ou en évitant les aliments d'origine animale et en puisant davantage leurs protéines dans les substituts de viande (tels que les légumineuses, le tofu, les noix et les graines) les végétariens ont plus de chance de consommer des gras qui favorisent la santé du cœur.

Il semble également que les végétariens tendent à consommer davantage de fruits et de légumes que les omnivores. Ils garnissent alors leurs menus de vitamines, de minéraux, de composés antioxydants et de précieuses fibres ; bref, de plusieurs éléments qui favorisent la santé (contrôle du poids, santé du cœur, prévention de divers cancers). Le fait de manger davantage de végétaux plutôt que celui d'éliminer la viande expliquerait le meilleur profil de santé des personnes qui suivent un régime végétarien. Il semble donc que d'adopter un menu composé de moins de viande et de plus d'aliments d'origine végétale présente de nombreux avantages pour la santé. Les personnes qui suivent un régime végétalien strict s'exposent cependant davantage à certaines déficiences nutritionnelles.

les nutriments à surveiller

Un régime végétarien bien planifié peut être tout à fait équilibré, tout comme un régime omnivore mal équilibré peut entraîner diverses carences. Cela dit, il reste qu'en excluant les aliments d'origine animale de leur alimentation, il est possible que les besoins quotidiens en certains éléments nutritifs des végétariens soient plus difficiles à combler. La viande et les autres produits d'origine animale fournissent des nutriments importants qu'il peut s'avérer plus difficile de combler par les autres groupes alimentaires. L'option du végétarisme à temps partiel devient fortement intéressante puisqu'elle implique de diminuer la viande dans les menus sans toutefois l'éliminer complètement. Il importe de ne pas foncer dans le végétarisme à tête baissée, mais plutôt en étant bien informé pour le faire de façon équilibrée !

les protéines

Lorsqu'on élimine la viande de son alimentation, on exclut une bonne source de protéines. Comme elles sont essentielles à l'organisme, il faut se tourner vers les sources végétales. Considérant que les besoins en protéines d'un adulte sédentaire ou légèrement actif sont de 0,8 grammes par kilogramme de poids corporel, on peut considérer que les besoins quotidiens sont d'environ 60 grammes par jour.

Le tableau ci-contre démontre bien que ce n'est pas en ajoutant quelques pois chiches à une salade ou à un couscous qu'on parvient à combler ses besoins en protéines. En effet, ce tableau donne une idée du concept de densité protéique : les différentes sources de protéines ne sont pas aussi concentrées les unes que les autres.

la complémentarité des protéines, vous connaissez ?

En plus de se soucier de consommer suffisamment de protéines, les végétariens doivent connaître le principe de la complémentarité des protéines. Contrairement aux protéines animales qui sont dites «complètes» (c'est-à-dire qu'elles renferment à elles seules tous les acides aminés essentiels, c'est-à-dire non synthétisés par le corps), les protéines végétales, elles, sont dites incomplètes ; il leur manque parfois un ou certains acides aminés. Comme la nature est bien faite, il est possible de combiner au cours d'une même journée (et non pas au cours du même repas comme on l'a d'abord pensé) plusieurs types de protéines afin que leurs acides aminés se complètent entre eux ; c'est le principe de la complémentarité des protéines. Ainsi, les produits céréaliers et les légumineuses se complètent mutuellement, les protéines de l'un fournissant les acides aminés limitants de l'autre et vice-versa. Au quotidien, il n'y a rien de plus simple ! Par exemple, il suffit de manger une soupe aux lentilles accompagnée d'une tranche de pain de grains entiers et le tour est joué !

Comparaison des quantités d'aliments à consommer (pour un apport de 20 grammes de protéines)

PROTÉINES D'ORIGINE ANIMALE

SOURCE	PORTION	GAC
Fromage cottage 2 % ming.	152 ml	0,6 LS
Poitrine de poulet rôtie	61 g	0,8 VS
Bifteck d'aloyau grillé	70 g	0,9 VS
Saumon grillé	90 g	1,2 VS
Fromage cheddar	80 g	1,6 LS
Fromage Brie	96 g	1,9 LS
Œufs (gros)	6 œufs	3,0 VS
Yogourt nature 1-2 % mg.	368 ml	2,1 LS
Lait 2 %	588 ml	2,3 LS

PROTÉINES D'ORIGINE VÉGÉTALE

SOURCE	PORTION	GAC
Substitut de viande hachée à base de soya	110 g	0,7 VS
Tofu ferme	179 g	1,2 VS
Lentilles	265 ml	1,5 VS
Pois chiches	326 ml	2,2 VS
Beurre d'arachide	77 ml	2,6 VS
Amandes rôties à sec	155 ml	2,6 VS
Tofu soyeux	417 g	2,8 VS
Tranche de pain blé entier	6 tr.	3,0 PC
Graines de tournesol	205 ml	3,4 VS

Source : Fichier canadien des éléments nutritifs, 2007
GAC = Guide alimentaire canadien
VS = Viandes et substituts, LS = Laits et substituts, PC = Produits céréaliers

Dans la vie de tous les jours, la complémentarité des protéines est facile à mettre en pratique. Voici les principales combinaisons et quelques exemples :

- Protéines animales et protéines végétales. Exemple : un chili à la viande et aux haricots
- Céréales et légumineuses. Exemple : couscous aux pois chiches
- Légumineuses et noix/graines. Exemple : sauté de tofu aux amandes

le fer

Le fer est un oligo-élément essentiel à la santé que l'on trouve autant dans les aliments d'origine animale que végétale. Le fer d'origine végétale (non hémique) est toutefois beaucoup moins bien assimilé par l'organisme que le fer d'origine animale (hémique). Les végétariens qui éliminent les aliments d'origine animale doivent donc porter une attention particulière à leurs apports en fer... et ceci est principalement vrai pour les végétariennes ! En effet, les femmes ont des besoins en fer qui sont plus du double de ceux des hommes (soit 18 milligrammes contre 8 milligrammes par jour).

Les meilleures sources VÉGÉTALES de fer

ALIMENT	PORTION	TENEUR (MG)
PRODUITS CÉRÉALIERS		
Crème de blé instantanée	175 ml	3,04
Gruau instantané	175 ml	4,26
Céréales Bran Flakes	30 g	3,95
LÉGUMES		
Épinards bouillis	125 ml	3,39
Cœurs de palmiers, en conserve	125 ml	2,41
Bette à carde bouillie	125 ml	2,09
Pomme de terre cuite au four, chair et pelure	1 moyenne	1,87
LÉGUMINEUSES		
Haricots blancs bouillis	175 ml	4,90
Lentilles bouillies	175 ml	4,87
Pois chiches bouillis	175 ml	3,50
NOIX ET GRAINES		
Graines de citrouille séchées	60 ml	5,24
Noix de cajou rôties à sec	60 ml	2,08
Amandes rôties à sec	60 ml	1,58
SUBSTITUTS DE VIANDES		
Tofu ferme nature	100 g	2,66
Edamames (soya frais), bouillis	125 ml	2,38
Tempeh (produit de soya fermenté) cuit	85 g	1,81
AUTRES ALIMENTS		
Mélasse noire	15 ml	3,64

trois astuces pour augmenter son apport en fer d'origine végétale et en faciliter l'absorption

- Jumeler une bonne source de vitamine C aux aliments riches en fer non hémique : la vitamine C favorisera son absorption (par exemple, associer un verre de jus d'orange pur à un bol de céréales de son).
- Miser sur les aliments riches en fer : les céréales de son, les lentilles et les épinards figurent parmi les meilleures sources de fer végétal.
- Boire le thé entre les repas puisque ses tanins tendent à réduire l'absorption du fer non hémique.

Les meilleures sources de vitamine C

ALIMENT	PORTION	TENEUR (MG)
FRUITS		
Kiwi	1 gros	84
Orange	1 moyenne	70
Litchis	10	69
Jus d'orange frais	125 ml	66
Fraises	125 ml	52
Jus d'orange réfrigéré	125 ml	43
Pamplemousse rose ou rouge	1/2	38
Melon cru (cantaloup)	125 ml	31
Mangue crue	125 ml	24
LÉGUMES		
Poivron rouge cru	125 ml	150
Brocoli bouilli	125 ml	53
Choux de Bruxelles bouillis	125 ml	51
Chou-fleur vert bouilli	125 ml	48
Chou-rave cru	125 ml	44
Pois mange-tout bouillis	125 ml	40
Tomate rouge, bouillie	125 ml	29
Patate douce cuite au four avec pelure	125 ml	21

calcium et vitamine D

Un régime végétarien sans produits laitiers peut entraîner des déficiences en calcium et en vitamine D, des nutriments essentiels pour la santé osseuse. Le calcium des produits laitiers est mieux absorbé par l'organisme que le calcium que l'on peut trouver dans certaines noix et certains légumes vert foncé. Les végétariens stricts qui ne consomment ni lait, ni yogourt ni fromage doivent donc opter pour des boissons végétales enrichies en calcium et en vitamine D pour arriver à combler leurs besoins.

Les meilleures sources de calcium (produits laitiers inclus)

ALIMENT	PORTION	TENEUR (MG)
SOYA ET PRODUITS DÉRIVÉS		
Tofu ferme avec sulfate de calcium	100 g	684
Edamames (soya frais) bouillis	125 ml	138
PRODUITS LAITIERS		
Fromage suisse faible en gras	50 g	481
Fromage ricotta avec lait partiellement écrémé	125 ml	356
Fromage gouda	50 g	350
Fromage mozzarella partiellement écrémé	50 g	323
Yogourt nature 1-2 %	175 g	320
Lait 1 %	250 ml	307
Lait au chocolat 2 %	250 ml	301
Fromage féta	50 g	247
Yogourt à boire	200 ml	220
Yogourt fruits au fond 1-2 %	175 g	214
Fromage cheddar faible en gras	50 g	208
Fromage camembert	50 g	194
LÉGUMINEUSES		
Haricots blancs bouillis	175 ml	119
LÉGUMES		
Épinards bouillis	125 ml	129
FRUITS		
Rhubarbe cuite	125 ml	184
Jus d'orange enrichi de calcium	125 ml	165

Vers un végétarisme équilibré

Les meilleures sources de calcium (pour les végétaliens)

ALIMENT	PORTION	TENEUR (MG)
SUBSTITUTS DE PRODUITS LAITIERS		
Boisson de soya enrichie	250 ml	319
Boisson de riz enrichie	250 ml	319
SOYA ET DÉRIVÉS		
Tofu ferme avec sulfate de calcium	100 g	684
Edamames (soya frais) bouillis	125 ml	138
LÉGUMINEUSES		
Haricots blancs bouillis	175 ml	119
Pois chiches	175 ml	60
NOIX ET GRAINES		
Amandes rôties à sec	60 ml	93
Graines de lin	15 ml	41
Avelines	60 ml	39
LÉGUMES		
Épinards bouillis	125 ml	129
Chou chinois (bok choy) bouilli	125 ml	84
Rapini cuit	125 ml	78
Soya, germes de haricots, sautés	125 ml	54
Chou vert frisé	125 ml	48
Tomates broyées, en conserve	125 ml	46
Cœurs de palmiers, en conserve	125 ml	45
Patate douce cuite au four avec pelure	1 moyenne	40
Pois mange-tout bouillis	125 ml	36
Brocoli bouilli	125 ml	33
Céleri bouilli	125 ml	33
FRUITS		
Rhubarbe cuite	125 ml	184
Jus d'orange enrichi de calcium	125 ml	165
Orange	1 moyenne	52

Les meilleures sources de vitamine D (avec produits laitiers)

ALIMENT	PORTION	TENEUR (ug)
VIANDES ET SUBSTITUTS		
Œufs	2 gros	1,4
PRODUITS LAITIERS ET SUBSTITUTS		
Lait 1%	250 ml	2,6
Boisson de soya enrichie	250 ml	2,2
Boisson de riz enrichie	250 ml	2,2
Yogourt enrichi	175 g	0,75
POISSONS (CUITS)		
Saumon rose	100 g	25,5
Thon rouge	100 g	23
Saumon chinook	100 g	22,6
Saumon sockeye en conserve	100 g	19,5
Turbot (flétan du Grœnland)	100 g	19
Saumon coho	100 g	16,9
Saumon de l'Atlantique	100 g	6,8
Saumon kéta en conserve	100 g	5,6
Hareng de l'Atlantique	100 g	5,4
Truite	100 g	5
Doré	100 g	4,6
Brochet	100 g	3,2
Maquereau	100 g	2,6
Sardines	100 g	2,3
Thon pâle en conserve	100 g	0,9
Morue	100 g	0,7
AUTRES ALIMENTS		
Margarine	5 ml	0,6
Huile de foie de morue	15 ml	32
LÉGUMES		
Champignons blancs crus	8 moyens	1,6
FRUITS		
Jus d'orange enrichi de vitamine D	125 ml	1,3

- 1 ug = 40 UI vitamine D
- Un supplément de 10 ug (400 UI) est recommandé à toutes les personnes âgées de 50 ans et plus.

nos besoins quotidiens

0–50 ans = 5 ug (200 UI)
51–70 ans = 10 ug (400 UI)
71 ans et + = 15 ug (600 UI)

Vers un végétarisme équilibré

Les meilleures sources de vitamine D (sans produits laitiers)

ALIMENT	PORTION	TENEUR (ug)
VIANDES ET SUBSTITUTS		
Œufs	2 gros	1,4
PRODUITS LAITIERS ET SUBSTITUTS		
Boisson de soya enrichie	250 ml	2,2
Boisson de riz enrichie	250 ml	2,2
POISSONS (CUITS)		
Saumon rose	100 g	25,5
Thon rouge	100 g	23
Saumon chinook	100 g	22,6
Saumon sockeye en conserve	100 g	19,5
Turbot (flétan du Grœnland)	100 g	19
Saumon coho	100 g	16,9
Saumon de l'Atlantique	100 g	6,8
Saumon kéta en conserve	100 g	5,6
Hareng de l'Atlantique	100 g	5,4
Truite	100 g	5
Doré	100 g	4,6
Brochet	100 g	3,2
Maquereau	100 g	2,6
Sardines	100 g	2,3
Thon pâle en conserve	100 g	0,9
Morue	100 g	0,7
AUTRES ALIMENTS		
Margarine	5 ml	0,6
Huile de foie de morue	15 ml	32
LÉGUMES		
Champignons blancs crus	8 moyens	1,6
FRUITS		
Jus d'orange enrichi de vitamine D	125 ml	1,3

Les oméga-3 sont de bons gras que l'on retrouve dans les poissons gras tels que le saumon, la truite, le maquereau et les sardines, ainsi que dans plusieurs aliments d'origine végétale comme les graines de lin, l'huile de canola et les noix de Grenoble. Bien que tous les types d'oméga-3 soient bénéfiques, les principaux bienfaits pour la santé du cœur associés aux oméga-3 sont davantage démontrés avec les gras d'origine marine. Les végétariens qui ne consomment aucun poisson peuvent donc s'orienter vers certains produits enrichis en oméga-3 d'origine marine ou opter pour un supplément.

La vitamine B12 joue de nombreux rôles, entre autres au niveau du système nerveux. Elle se trouve sous forme naturelle exclusivement dans les produits d'origine animale. Lorsqu'on inclut dans notre alimentation quelques aliments d'origine animale comme les produits laitiers, les œufs ou les fromages par exemple, la rencontre des besoins en vitamine B12 ne pose généralement pas de problème. L'alimentation végétarienne stricte, elle, doit toutefois inclure des aliments enrichis en B12 pour subvenir aux besoins. Parmi ceux-ci, on trouve entre autres les boissons de soya et les substituts de viande à base de soya.

Les meilleures sources de vitamine B12 (pour les végétariens)

nos besoins quotidiens
2,4 ug

ALIMENT	PORTION	TENEUR (ug)
SUBSTITUTS DE VIANDES		
Succédané de viandes, simili, poulet	75 g	1,63
Œufs cuits durs	2 gros	1,62
PRODUITS LAITIERS ET SUBSTITUTS		
Yogourt à boire	200 ml	1,26
Lait 1 %	250 ml	1,13
Boisson de riz enrichie	250 ml	1,04
Boisson de soya enrichie	250 ml	1,04
Yogourt nature 1-2 %	175 g	0,98
Fromage féta	50 g	0,88
Fromage suisse faible en gras	50 g	0,84
Fromage gouda	50 g	0,79
Fromage cottage 1 %	125 ml	0,75
Yogourt fruits au fond 1-2 %	175 g	0,75
Fromage mozzarella partiellement écrémé	50 g	0,41
Pouding au riz, prêt-à-manger	125 ml	0,30
Pouding au tapioca, prêt-à-manger	125 ml	0,26

Les protéines jouent de nombreux rôles essentiels. Si elles sont primordiales à la croissance et à l'entretien de l'organisme, c'est entre autres parce que les protéines sont les matériaux de base de toutes les cellules du corps. Les protéines entrent aussi dans la composition d'enzymes et d'hormones, elles jouent un rôle au niveau du système immunitaire et du système nerveux, elles fournissent de l'énergie et elles favorisent le soutien de l'organisme. En effet, un repas qui renferme une bonne source de protéines soutiendra davantage qu'un autre qui en contient peu ou pas. Il importe donc de penser intégrer de bonnes sources de protéines à chaque repas pour éviter d'avoir faim au milieu de la journée...

Les protéines sont de grandes molécules qui peuvent être comparées à un collier de perles, où chaque perle serait un acide aminé. Les acides aminés sont les constituants de base des protéines. Tandis que certains d'entre eux sont « non essentiels », d'autres sont dits « essentiels », c'est-à-dire qu'ils ne sont pas synthétisés par le corps et qu'ils doivent être fournis par l'alimentation.

La majorité des Canadiens mangent suffisamment de protéines par rapport à leurs besoins... même qu'ils en mangent souvent plus! Certains groupes de la population en consomment effectivement bien davantage, par exemple les hommes sédentaires de 20 à 40 ans.

nos besoins

L'énergie fournie par les protéines devrait représenter 10 à 35 % de l'énergie consommée dans une journée. La recommandation plus précise est de consommer chaque jour environ 0,8 gramme de protéines par kilogramme de poids corporel. Par exemple, un individu qui pèse 70 kilogrammes devrait consommer quotidiennement 56 grammes de protéines, soit près de 20 grammes par repas. Il n'est pas vrai qu'il est préférable de manger moins de protéines le soir ; chaque repas gagne à avoir une bonne dose de protéines entre autres pour bien soutenir l'organisme.

Les menus végétariens comblent parfaitement les besoins protéiques. Voici, dans le tableau de la page suivante, un exemple de menu comblant les besoins d'un homme de 80 kilogrammes.

Besoin protéique = 0,8 g par kilo de poids corporel

HOMME SÉDENTAIRE DE 80 KG
BESOINS = AU MOINS 64 G DE PROTÉINES
(80 X 0,8)

HOMME SÉDENTAIRE VÉGÉTARIEN DE 80 KG
BESOINS = AU MOINS 64 G DE PROTÉINES
(80 X 0,8)

		G. DE PROTÉINES		G. DE PROTÉINES
DÉJEUNER	2 rôties de pain de blé entier	7,0	2 rôties de pain de blé entier	7,0
	10 ml (2 c. à thé) de beurre d'arachide	2,5	10 ml (2 c. à thé) de beurre d'arachide	2,5
	250 ml (1 tasse) de lait 1 %	9,0	250 ml (1 tasse) de boisson de soya enrichie	11,6
	1 banane moyenne	1,0	1 banane moyenne	1,0
DÎNER	Omelette aux légumes (2 œufs)	12,0	Omelette aux légumes (2 œufs)	12,0
	125 ml (½ tasse) de légumes	1,5	125 ml (½ tasse) de légumes	1,5
	2 tranches pain de blé entier	7,0	2 tranches pain de blé entier	7,0
	125 ml (½ tasse) compote	0,5	125 ml (½ tasse) compote	0,5
SOUPER	90 g (3 oz) de saumon vapeur	20,0	100 g (3,5 oz) de tofu sauté au tamari	15,8
	250 ml (1 tasse) de riz cuit	4,5	250 ml (1 tasse) de riz cuit	4,5
	250 ml (1 tasse) de légumes	3,0	250 ml (1 tasse) de légumes	3,0
	250 ml (1 tasse) de lait 1 %	9,0	250 ml (1 tasse) de boisson de soya enrichie	11,6
COLLATION	2 clémentines	1,0	2 clémentines	1,0
TOTAL	78 g de protéines		79 g de protéines	
CONCLUSION	Un menu équilibré, même modeste, fournit amplement de protéines par rapport aux besoins.		Un menu équilibré modeste, même végétarien, fournit davantage de protéines que les besoins.	

Source : Fichier canadien des éléments nutritifs, 2007

HOMME SÉDENTAIRE VÉGÉTALIEN DE 80 KG
BESOINS = AU MOINS 64 G DE PROTÉINES
(80 X 0,8)

		G. DE PROTÉINES
DÉJEUNER	2 rôties de pain de blé entier	7,0
	10 ml (2 c. à thé) de beurre d'arachide	2,5
	250 ml (1 tasse) de boisson de soya enrichie	11,6
	1 banane moyenne	1,0
DÎNER	175 ml (¾ tasse) de pois chiches	10,8
	125 ml (½ tasse) de légumes	1,5
	250 ml (1 tasse) de couscous	6,3
	125 ml (½ tasse) compote	0,5
SOUPER	100 g (3,5 oz) de tofu sauté au tamari	15,8
	250 ml (1 tasse) de riz cuit	4,5
	250 ml (1 tasse) de légumes	3,0
	250 ml (1 tasse) de boisson de soya enrichie	11,6
COLLATION	2 clémentines	1,0
TOTAL	77,1 g de protéines	
CONCLUSION	Un menu équilibré modeste, même végétalien, fournit davantage de protéines que les besoins.	

- Les besoins d'une femme adulte sont aussi de 0,8 g/kg de poids corporel, par exemple, 48 grammes de protéines pour une femme de 60 kilos (132 livres).
- Du côté des enfants de 4 à 13 ans, les besoins sont de 0,95 g/kg de poids corporel et pour les jeunes de 14 à 18 ans, de 0,85 g/kg de poids corporel.
- Les sportifs de haut niveau ont des besoins en protéines plus importants que les individus sédentaires ou légèrement actifs. Lorsqu'il reçoit trop de protéines pour ses besoins, l'organisme les rejète par l'urine, les utilise comme source d'énergie ou les transforme en réserve lipidique. Les besoins des sportifs sont certes supérieurs, mais pas de là à se laisser tenter par les suppléments protéinés!
- Bref, contrairement aux sportifs occasionnels où l'apport en protéines est peu augmenté, les sportifs de haut niveau ont effectivement des besoins supérieurs, pouvant aller de 1,2 à 1,8 grammes de protéines par kg de poids corporel par jour, selon la discipline et l'intensité de l'entraînement. Or ces besoins sont atteignables par l'alimentation. Les suppléments protéinés sont loin d'être essentiels. L'exemple montre que quelques petits ajouts au menu régulier permettent facilement d'atteindre un apport protéiné de 1,4 g par kg de poids.

Menu d'une journée pour un individu végétarien sédentaire et pour un sportif végétarien

HOMME SÉDENTAIRE DE 80 KG
BESOINS = AU MOINS 64 G DE PROTÉINES
(80 X 0,8)

HOMME ACTIF DE 80 KG
BESOINS = ENVIRON 112 G DE PROTÉINES
(80 X 1,4)

		G. DE PROTÉINES		G. DE PROTÉINES
DÉJEUNER	2 rôties de pain de blé entier	7,0	3 rôties de pain de blé entier	10,5
	10 ml (2 c. à thé) de beurre d'arachide	2,5	30 ml (2 c. à thé) de beurre d'arachide	8
	250 ml (1 tasse) de boisson de soya enrichie	11,6	250 ml (1 tasse) de boisson de soya enrichie	11,6
	1 banane moyenne	1,0	1 banane moyenne	1,0
DÎNER	Omelette aux légumes (2 œufs)	12,0	Omelette aux légumes (3 œufs)	18,0
	125 ml (½ tasse) de légumes	1,5	125 ml (½ tasse) de légumes	1,5
			60 ml (¼ tasse) de gruyère râpé	8,0
	2 tranches pain de blé entier	7,0	2 tranches pain de blé entier	7,0
	125 ml (½ tasse) compote	0,5	125 ml (½ tasse) compote	0,5
SOUPER	100 g (3,5 oz) de tofu sauté	15,8	150 g (3,5 oz) de tofu sauté	23,7
	250 ml (1 tasse) de riz cuit	4,5	250 ml (1 tasse) de riz cuit	4,5
	250 ml (1 tasse) de légumes	3,0	250 ml (1 tasse) de légumes	3,0
	250 ml (1 tasse) de boisson de soya enrichie	11,6	250 ml (1 tasse) de boisson de soya enrichie	11,6
COLLATION	2 clémentines	1,0	2 clémentines	1,0
			30 ml (2 c. à soupe) de graines de tournesol	3,0
TOTAL	79 g de protéines		112,9 g de protéines	
CONCLUSION	Un menu équilibré modeste, même végétarien, fournit davantage de protéines que les besoins.		Quelques petits ajouts suffisent à combler les besoins supérieurs en protéines des sportifs végétariens.	

Source : Fichier canadien des éléments nutritifs, 2007

Menu d'une journée pour un individu végétalien sédentaire et pour un sportif végétalien

HOMME SÉDENTAIRE DE 80 KG
BESOINS = AU MOINS 64 G DE PROTÉINES
(80 X 0,8)

HOMME ACTIF DE 80 KG
BESOINS = ENVIRON 112 G DE PROTÉINES
(80 X 1,4)

		G. DE PROTÉINES		G. DE PROTÉINES
DÉJEUNER	2 rôties de pain de blé entier	7,0	3 rôties de pain de blé entier	10,5
	10 ml (2 c. à thé) de beurre d'arachide	2,5	30 ml (2 c. à thé) de beurre d'arachide	8
	250 ml (1 tasse) de boisson de soya enrichie	11,6	250 ml (1 tasse) de boisson de soya enrichie	11,6
	1 banane moyenne	1,0	1 banane moyenne	1,0
DÎNER	175 ml (¾ tasse) de pois chiches	10,8	250 ml (1 tasse) de pois chiches	15,4
	125 ml (½ tasse) de légumes	1,5	250 ml (1 tasse) de légumes	3,0
			375 ml (1 ½ tasse) de couscous	9,4
	250 ml (1 tasse) de couscous	6,3	30 ml (2 c. à soupe) d'amandes effilées	2,9
	125 ml (½ tasse) de compote	0,5	125 ml (½ tasse) de compote	0,5
SOUPER	100 g (3,5 oz) de tofu mariné sauté au tamari	15,8	150 g (5 oz) de tofu mariné sauté au tamari	23,7
	250 ml (1 tasse) de riz cuit	4,5	250 ml (1 tasse) de riz cuit	4,5
	250 ml (1 tasse) de légumes	3,0	250 ml (1 tasse) de légumes	3,0
	250 ml (1 tasse) de boisson de soya enrichie	11,6	250 ml (1 tasse) de boisson de soya enrichie	11,6
COLLATION	2 clémentines	1,0	2 clémentines	1,0
			30 ml (2 c. à soupe) de graines de tournesol	3,0
			250 ml (1 tasse) de crudités	3,0
TOTAL	77,1 g de protéines		112,1 g de protéines	
CONCLUSION	Un menu équilibré modeste, même végétalien, fournit davantage de protéines que les besoins.		Quelques petits ajouts suffisent à combler les besoins supérieurs en protéines des sportifs végétaliens.	

Source : Fichier canadien des éléments nutritifs, 2007

NOS FAVORIS,
PRÉFÉRÉS, GOURMANDS,
IRREMPLAÇABLES
LES « TOP 5 »

—

TOP 5
SOUPES
—

POTAGE DE NAVET ET PETITS POIS AUX ARACHIDES

—

préparation 45 min
cuisson 30 min

4 à 6 portions

●

1 gros navet, en morceaux

375 ml (1 ½ tasse) de bouillon de légumes

375 ml (1 ½ tasse) de crème 15 %

Sel et poivre

125 ml (½ tasse) de petits pois frais
ou congelés

15 ml (1 c. à soupe) de beurre

80 ml (⅓ tasse) d'arachides rôties, concassées

1 filet d'huile d'olive

Dans une casserole d'eau bouillante, cuire le navet.
Retirer et mixer avec un peu d'eau de cuisson à
l'aide d'un mélangeur à main.

Dans une casserole, verser le bouillon de légumes
et la crème. Incorporer la purée de navet et bien
remuer. Assaisonner.

Dans une poêle faire revenir les petits pois dans
le beurre. Réserver.

Verser le potage de navet dans une soupière.
Ajouter les petits pois. Parsemer la surface
d'arachides et terminer en versant l'huile d'olive.

Il existe de nombreuses variétés de
navets, jaunes, noirs, etc. Utiliser
le navet le plus courant.

●

VELOUTÉ DE PANAIS ET POMMES VERTES

—

préparation 15 min
cuisson 30 min

4 à 6 portions

●

1 l (4 tasses) de lait

3 panais, en rondelles

1 pomme verte Granny Smith, pelée, épépinée
et en morceaux

500 ml (2 tasses) de crème 15 %

Sel et poivre

1 pincée de piment ou quelques gouttes
de citron

1 pomme verte Granny Smith, pelée,
épépinée, râpée

Dans une casserole, déposer le lait, les panais et
la pomme en morceaux. Cuire à feu doux environ
20 minutes. Mixer à l'aide d'un mélangeur à main.

Ajouter la crème, assaisonner et laisser mijoter
10 à 15 minutes avant de servir.

Saupoudrer d'une pincée de piment ou ajouter
quelques gouttes de citron.

Au moment de déguster, râper la deuxième pomme
et servir le velouté dessus.

●

LAIT DE MAÏS À LA CORIANDRE FRAÎCHE

—

préparation 20 min
cuisson 40 min

4 à 6 portions

●

2 épis de maïs, frais

30 ml (2 c. à soupe) de beurre

1 l (4 tasses) de lait

Sel et poivre

15 ml (1 c. à soupe) de coriandre
fraîche, hachée

Dans une casserole d'eau bouillante salée, cuire les épis de maïs pendant 10 à 12 minutes. Retirer, égoutter et égrener à l'aide d'un couteau.

Dans une poêle, faire revenir les grains de maïs dans le beurre.

Dans une casserole, verser le lait. Ajouter les grains de maïs et porter à ébullition. Saler et poivrer.

Mixer la préparation à l'aide d'un mélangeur à main et laisser mijoter 10 minutes supplémentaires à feu doux.

Au moment de servir dans une assiette creuse, parsemer de coriandre fraîche.

●

SOUPE DE COURGE MUSQUÉE AUX ÉCLATS D'AMANDES GRILLÉES

—

préparation 15 min
cuisson 40 min

4 à 6 portions

●

½ courge musquée, en morceaux

30 ml (2 c. à soupe) de beurre

Sel et poivre

1 l (4 tasses) de lait

1 filet d'huile d'olive

80 ml (⅓ tasse) de bâtonnets
d'amandes grillées

Dans une casserole d'eau bouillante salée, mettre les morceaux de courge à cuire. Retirer puis égoutter. Réduire en purée et ajouter le beurre. Assaisonner de sel et de poivre.

Dans une casserole, déposer la purée de courge et verser le lait. Remuer et cuire à feu doux environ 15 minutes.

Au moment de servir, verser un léger filet d'huile d'olive et saupoudrer de bâtonnets d'amandes.

●

CAPPUCCINO DE BROCOLI ET CHOU-FLEUR

—

préparation 50 min
cuisson 40 min

4 à 6 portions

●

1 brocoli

1 échalote française, ciselée

15 ml (1 c. à soupe) de beurre

500 ml (2 tasses) de bouillon
de légumes

500 ml (2 tasses) de crème
à cuisson 15 %

Sel et poivre

250 ml (1 tasse) de chou-fleur,
en morceaux

125 ml (½ tasse) de crème 35 %

Dans une casserole d'eau bouillante salée, cuire le brocoli. Retirer, égoutter puis couper en morceaux.

Dans une casserole, faire revenir l'échalote dans le beurre. Ajouter le brocoli. Incorporer le bouillon de légumes et la crème. Assaisonner et laisser réduire.

Une fois la préparation cuite, mixer avec un mélangeur à main et filtrer au besoin. Réserver.

Dans une casserole d'eau bouillante salée, cuire le chou-fleur. Retirer, égoutter et réduire en purée.

Monter une Chantilly (fouetter la crème). Incorporer doucement la purée de chou-fleur en pliant à l'aide d'une spatule. Assaisonner.

Verser le velouté de brocoli dans de petites tasses et déposer sur le dessus 15 ml (1 c. à soupe) de la préparation de chou-fleur. Servir.

Tout est bon dans le brocoli. Le pied
peut être pelé et cuit. C'est délicieux!

●

Bye Bye Pesticides!

TOP 5
GALETTES VÉGÉ
—

BURGERS DE LÉGUMINEUSES
AU TOFU
—

préparation 50 min
cuisson 40 min

4 à 6 portions

●

375 ml (1 ½ tasse) de haricots
rouges cuits ou en conserve

180 ml (¾ tasse) de pois
chiches cuits ou en conserve

125 ml (½ tasse) de lentilles
vertes cuites ou en conserve

2 œufs

2 gousses d'ail, hachées

30 ml (2 c. à soupe) de pesto
au basilic

3 échalotes françaises, ciselées

Huile d'olive

2 pincées de cumin

Zeste de 1 citron

125 ml (½ tasse) de tofu
mou soyeux

10 ml (2 c. à thé) d'origan séché

15 ml (1 c. à soupe) de
ciboulette, ciselée

45 ml (3 c. à soupe) de
parmesan râpé

Sel et poivre

Quelques gouttes de sauce Tabasco

Dans un grand bol à mélanger, déposer les haricots rouges, les pois chiches et les lentilles. Écraser les légumineuses à l'aide d'une fourchette. Ajouter les œufs, l'ail et le pesto. Remuer.

Dans une poêle, faire revenir les échalotes dans l'huile d'olive. Une fois les échalotes caramélisées, ajouter le cumin.

Incorporer les échalotes cuites dans le mélange de légumineuses puis ajouter le zeste de citron, le tofu, l'origan, la ciboulette et le parmesan. Assaisonner et verser quelques gouttes de Tabasco.

Laisser reposer la préparation au frais pendant 30 à 45 minutes puis confectionner quatre à six galettes.

Cuire les burgers de légumineuses dans une poêle ou au four. Dans ce dernier cas, préchauffer le four à 190 °C (375 °F) et enfourner 10 à 15 minutes.

Placer les galettes cuites dans des pains à burgers. Servir accompagné d'une mayonnaise câpres-cornichons, de rondelles de tomates, d'un filet de vinaigre balsamique et de quelques feuilles de mesclun.

Succulent simplement gratiné avec des tranches de cheddar vieilli.

●

RÖSTI DE
LÉGUMES RACINES

—

préparation 30 min
cuisson 15 min

4 à 6 portions

●

1 carotte, râpée

1 panais, râpé

1 pomme de terre, râpée

½ céleri-rave, râpé

Sel et poivre

15 ml (1 c. à soupe) de beurre

15 ml (1 c. à soupe)
d'estragon, haché

2 filets d'huile d'olive

1 œuf

Dans un bol à mélanger, déposer tous les légumes racines râpés. Assaisonner de sel et de poivre.

Faire fondre la noisette de beurre et l'incorporer au mélange de légumes. Ajouter l'estragon, un filet d'huile d'olive et l'œuf préalablement battu.

Dans une grande poêle, verser un filet d'huile d'olive et déposer le mélange de légumes racines râpés. Cuire 5 à 6 minutes d'un côté et appliquant une pression avec une spatule ou le dos d'une cuillère.

Retourner comme une omelette et cuire 4 à 5 minutes supplémentaires, toujours en pressant le mélange. Rajouter au besoin un peu d'huile d'olive afin que le rösti ne colle pas à la poêle.

On peut passer la préparation au four afin de lui conserver tout son croquant. Diviser en pointes comme une tarte et servir.

Les légumes racines, aussi appelés «légumes oubliés», dont font partie les topinambours, par exemple, sont à savourer tout au long de l'année!

●

CROUSTI-FONDANT DE QUINOA AUX CAROTTES ET À L'AVOINE

préparation 30 min
cuisson 40 min

4 à 6 portions

•

500 ml (2 tasses) de bouillon de légumes

250 ml (1 tasse) de quinoa

3 œufs

125 ml (½ tasse) de lait

125 ml (½ tasse) de crème 35 %

5 ml (1 c. à thé) de curry

Sel et poivre

250 ml (1 tasse) de flocons d'avoine

30 ml (2 c. à soupe) de parmesan râpé

4 carottes, en fines tranches dans le sens de la longueur

Préchauffer le four 160 °C (325 °F).

Dans une casserole, porter à ébullition le bouillon de légumes et ajouter le quinoa. Cuire à feu doux jusqu'à l'absorption du bouillon, environ 15 à 20 minutes.

Dans un bol à mélanger, mettre les œufs, verser le lait, la crème et le curry. Mélanger. Assaisonner de sel et de poivre. Incorporer les flocons d'avoine et le parmesan.

Dans un plat à gratin, déposer une couche de carottes, une couche de quinoa et une couche de mélange de crème. Cuire au four de 30 à 40 minutes.

Ce gratin crousti-fondant sera plus savoureux après une journée de repos. Le faire alors réchauffer au four quelques minutes avant de servir.

•

CROQUETTES FROMAGÈRES
D'ÉPINARDS AU BOULGOUR

—

préparation 30 min
cuisson 40 min

4 à 6 portions

●

180 ml (⅔ tasse) d'eau

2 filets d'huile d'olive

Sel et poivre

375 ml (¾ tasse) de boulgour

500 ml (2 tasses) de feuilles
d'épinards frais

1 échalote française, ciselée

15 ml (1 c. à soupe) de beurre

80 ml (⅓ tasse) de fromage de
chèvre frais, émietté

3 œufs

Dans une casserole, verser l'eau et porter à ébullition. Verser ensuite un filet d'huile d'olive et une pincée de sel dans l'eau bouillante. Plonger le boulgour et cuire à feu doux à couvert environ 5 à 10 minutes. Égoutter.

Dans une poêle, faire revenir les feuilles d'épinards et l'échalote dans le beurre et un filet d'huile d'olive pendant environ 5 minutes. Incorporer le fromage de chèvre. Assaisonner de sel et de poivre, remuer puis retirer.

Dans un bol à mélanger, déposer les œufs. Battre énergiquement à l'aide d'un fouet et ajouter le boulgour cuit ainsi que la préparation de feuilles d'épinards. Remuer. Confectionner des petites galettes.

Laisser reposer 1 heure au frais avant de faire cuire dans une poêle bien chaude avec un filet d'huile d'olive.

Le boulgour doit absorber la totalité du volume d'eau. Au besoin, ne pas hésiter à en rajouter pour poursuivre la cuisson.

●

ARANCINIS À LA CITROUILLE
ET LENTILLES JAUNES
—

trempage 2 h
préparation 45 min
cuisson 40 min

4 à 6 portions

●

250 ml (1 tasse) de
lentilles jaunes

1 branche de thym

1 branche de romarin

250 ml (1 tasse) de citrouille,
en cubes

Sel et poivre

15 ml (1 c. à soupe) de beurre

1 échalote française, ciselée

1 filet d'huile d'olive

250 ml (1 tasse) de riz rond
à risotto

30 ml (2 c. à soupe) de
ciboulette, ciselée

Huile végétale pour le bain
de friture

2 œufs

250 ml (1 tasse) de chapelure
de pain

Dans un grand bol à mélanger, déposer les lentilles jaunes et couvrir d'eau. Laisser tremper environ 2 heures. Égoutter.

Dans une casserole d'eau bouillante, cuire les lentilles jaunes avec la branche de thym et la branche de romarin environ 35 à 40 minutes. Égoutter, retirer les aromates et réserver au frais.

Dans une casserole d'eau bouillante, cuire la citrouille. Une fois cuite, assaisonner de sel et de poivre, incorporer le beurre et mixer. Réserver.

Dans une poêle, colorer l'échalote dans l'huile d'olive. Ajouter le riz. Verser des filets d'eau et remuer continuellement. Renouveler l'opération jusqu'à cuisson complète du riz.

Dans un grand bol à mélanger, déposer les lentilles jaunes, la purée de citrouille et la préparation de riz. Ajouter la ciboulette. Remuer. Rectifier l'assaisonnement au besoin.

Confectionner des boulettes dans le creux de la main et laisser reposer sur une plaque au frais.

Faire chauffer le bain d'huile végétale.

Dans un bol à mélanger, déposer les œufs, battre énergiquement à l'aide d'un fouet en ajoutant un filet d'eau.

Dans un bol à mélanger, déposer la chapelure.

Passer les boules dans les œufs battus puis les rouler dans la chapelure.

Plonger les arancinis dans le bain de friture quelques-uns à la fois afin d'éviter les éclaboussures puis les déposer sur un papier absorbant. Servir.

Chauds ou froids, les arancinis sont un véritable délice. Il est possible de rajouter un peu de parmesan ou de fromage comme du cheddar dans la préparation avant de former les boulettes.

●

TOP 5
CLASSIQUES RÉINVENTÉS
—

POUTINE AU TOFU

préparation 20 min
cuisson 10 min

4 à 6 portions

●

2 paquets de tofu ferme d'environ 300 g
(⅔ lb) chacun

Huile de canola, pour friture

Sel et poivre

250 ml (1 tasse) de fromage à poutine
ou de cheddar en grains

500 ml (2 tasses) de sauce BBQ
(voir recette p. 186)

Tailler le tofu comme des frites, en longs bâtonnets.

Dans une casserole profonde, faire chauffer l'huile
de canola.

Plonger les frites de tofu dans l'huile chaude et
laisser colorer. Retirer les frites et les déposer sur
un papier absorbant. Assaisonner.

Dans une assiette creuse, placer les frites de tofu,
parsemer de fromage en grains et napper de sauce
BBQ. Déguster bien chaud.

Un classique revisité avec le tofu.
Lors de notre banc d'essai, nous avons
remarqué que la couleur et la texture
des frites de tofu changent très vite si
elles ne sont pas consommées rapidement
alors… faites vite et bon appétit !

●

PÂTÉ CHINOIS AUX LÉGUMES RACINES

préparation 30 min
cuisson 40 min

4 à 6 portions

●

1 pomme de terre, en morceaux

1 panais, en tronçons

¼ de céleri-rave, en morceaux

2 noisettes de beurre

Sel et poivre

500 ml (2 tasses) de maïs

1 oignon, haché

250 ml (1 tasse) de pois chiches

250 ml (1 tasse) de lentilles cuites ou
en conserve

1 filet d'huile d'olive

1 pincée de paprika

Préchauffer le four à 180 °C (350 °F).

Dans une casserole d'eau bouillante salée, cuire la
pomme de terre, le panais et le céleri-rave. Retirer
et égoutter. Réduire en purée avec une noisette
de beurre. Assaisonner. Réserver.

Dans une poêle, faire revenir le maïs dans une
poêle avec une noisette de beurre. Réserver.

Dans une poêle, faire colorer l'oignon, les pois
chiches et les lentilles dans l'huile d'olive.
Mélanger et assaisonner.

Déposer les légumineuses dans un plat à gratin, puis
monter un étage avec le maïs et terminer avec une
couche de purée de légumes racines. Saupoudrer de
paprika et cuire au four 20 à 30 minutes.

Ce plat est délicieux servi avec un
coulis de tomates au basilic frais.

On peut ajouter du fromage sur le dessus
et faire gratiner.

●

MOUSSAKA VÉGÉ

—

préparation 30 min
cuisson 1 h 15 min

4 à 6 portions

●

Béchamel

15 ml (1 c. à soupe) de beurre

45 ml (3 c. à soupe) de farine

350 ml (1 ⅜ tasse) de lait

Sel et poivre

¼ noix de muscade, râpée

Moussaka

2 grosses aubergines

Gros sel

1 oignon, émincé

30 ml (2 c. à soupe)
d'huile d'olive

15 ml (1 c. à soupe) de miel

45 ml (3 c. à soupe) de purée
de tomate

1 pincée de cannelle

Sel et poivre

4 pommes de terre

1 paquet de 300 g (⅔ lb)
de tofu ferme

Fromage suisse râpé pour gratiner

Préchauffer le four à 200 °C (400 °F).

Préparer la béchamel. Dans une petite casserole, faire blondir le beurre à feu doux. Ajouter la farine et remuer jusqu'à l'obtention d'un mélange homogène. Incorporer le lait petit à petit en remuant constamment. Une fois la sauce épaissie, assaisonner et ajouter la muscade.

Préparer la moussaka. Couper les aubergines en 2 dans le sens de la longueur et les déposer sur un linge. Les saupoudrer de gros sel et les laisser dégorger pendant 1 h.

Dans une casserole, faire revenir l'oignon dans un filet d'huile d'olive et le miel. Ajouter la purée de tomate et la cannelle. Assaisonner. Cuire à feu doux jusqu'à l'obtention d'une préparation onctueuse.

Couper les pommes de terre en tranches très fines et le tofu en tranches dans le sens de la longueur.

Dans une poêle, faire revenir les tranches d'aubergines dans une poêle dans un filet d'huile d'olive. Dorer puis déposer sur du papier absorbant.

Dans un plat à gratin, déposer les tranches d'aubergines, la sauce tomate, le tofu et les pommes de terre. Répéter l'opération. Ajouter la béchamel et terminer avec le fromage suisse.

Cuire au four pendant 45 minutes.

●

LASAGNE
TOUT LÉGUMES

—

préparation 45 min
cuisson 1 h 15 min

4 à 6 portions

●

2 aubergines

3 courgettes

10 champignons de Paris

1 oignon, émincé

2 filets d'huile d'olive

1 gousse d'ail, coupée en deux

1 branche de romarin

3 carottes, en dés

2 branches de céleri, tranchées

6 tomates bien mûres, en dés
ou 250 ml (1 tasse) de purée
de tomate

1 botte de basilic, haché

Sel et poivre

1 boule de mozzarella fraîche,
en dés

60 ml (¼ tasse) de parmesan râpé

Préchauffer le four à 200 °C (400 °F).

Couper les aubergines, les courgettes et les champignons dans le sens de la longueur. Déposer les moitiés d'aubergines sur un linge. Les saupoudrer de gros sel et les laisser dégorger pendant 1 h.

Dans une casserole, faire revenir l'oignon finement tranché dans un filet d'huile d'olive. Ajouter l'ail, le romarin, les carottes et le céleri. Incorporer les tomates ou la purée puis le basilic. Assaisonner. Cuire à feu doux 10 minutes.

Dans une poêle, faire dorer les tranches d'aubergines dans un filet d'huile d'olive.

Dans un plat à gratin, disposer les légumes et la sauce tomate.

Ajouter la mozzarella. Saupoudrer le dessus de parmesan râpé. Cuire au four pendant 1 h.

À essayer accompagné de riz pilaf
ou de riz parfumé au jasmin.

●

TOURTIÈRE
FAÇON LÉGUMINEUSE

—

préparation 25 min
cuisson 40 min

4 à 6 portions

●

80 ml (⅓ tasse) de
lentilles vertes

125 ml (½ tasse) de
haricots rouges

1 carotte coupée, en rondelles

1 gros oignon, haché

1 filet d'huile d'olive

1 gousse d'ail, hachée

30 ml (2 c à soupe)
de flocons d'avoine

Sel et poivre

2,5 ml (½ c à thé) de cannelle

2 abaisses de pâte à tarte (du
commerce)

Quelques gouttes de sauce Tabasco

1 jaune d'œuf

Préchauffer le four à 180 °C (350 °F).

Dans un bol à mélanger, placer les lentilles et les haricots. Couvrir d'eau. Laisser tremper 1 à 2 heures.

Dans une casserole d'eau bouillante salée, cuire les légumineuses.

Dans une casserole d'eau bouillante salée, blanchir rapidement les rondelles de carotte.

Dans une grande poêle, faire revenir l'oignon dans l'huile d'olive. Incorporer les carottes et les légumineuses préalablement mixées. Remuer. Ajouter l'ail et les flocons d'avoine. Assaisonner de sel et de poivre. Terminer avec la cannelle.

Déposer une abaisse dans le fond d'un moule à tarte. Verser la préparation sur le fond de tarte. Ajouter quelques gouttes de sauce Tabasco et recouvrir avec la deuxième abaisse.

À l'aide d'un pinceau, badigeonner la surface avec un jaune d'œuf et cuire au four 20 à 30 minutes. Servir chaud.

●

MALBOUFFE
s'en va t'en guerre...

TOP 5
GARNITURES À SANDWICHES
—

MARMELADE D'ARTICHAUTS
AUX POIVRONS MARINÉS

—

préparation 40 min
cuisson 20 à 30 min

4 à 6 portions

●

1 poivron vert

1 poivron rouge

1 poivron jaune

Huile d'olive

1 bouquet de basilic,
grossièrement haché

2 gousses d'ail, hachées

1 branche de romarin

2 échalotes françaises, ciselées

6 cœurs d'artichauts en conserve

Sel et poivre

Préchauffer le four à 200 °C (400 °F).

Sur une plaque à cuisson, déposer les trois poivrons entiers et les arroser d'un filet d'huile d'olive. Cuire au four pendant 20 à 30 minutes.

Sortir les poivrons du four. Les placer dans un sac de plastique puis refermer. La peau des poivrons se détachera facilement en manipulant le sac.

Ouvrir les poivrons pelés et les évider.

Dans un bol à mélanger, déposer la chair des poivrons. Ajouter le basilic, l'ail et le romarin. Recouvrir à hauteur avec de l'huile d'olive. Laisser reposer au frais quelques heures.

Dans une poêle, verser un filet d'huile d'olive et faire revenir les échalotes et les cœurs d'artichauts préalablement coupés en morceaux.

Filtrer la préparation de poivrons pour en retirer l'huile et la branche de romarin.

Dans un mélangeur, déposer toutes les préparations. Saler et poivrer. Mixer jusqu'à l'obtention d'une préparation bien lisse.
Servir froid.

Idéal pour les tartines et sandwiches, mais également pour agrémenter les bouchées apéritives.

●

TAPENADE DE CÉLERI ET OLIVES VERTES (POUR CLUB SANDWICH)

—

préparation 15 min
cuisson aucune

4 à 6 portions

●

250 ml (1 tasse) de céleri avec
feuilles, émincé

250 ml (1 tasse) d'olives vertes, dénoyautées

Jus de ¼ de citron

1 filet d'huile d'olive

Sel et poivre

Déposer le céleri dans un mélangeur avec les
olives vertes dénoyautées. Mixer.

Incorporer le jus de citron et l'huile d'olive.

Assaisonner de sel et poivre. Mixer.

Cette préparation apportera une touche
de fraîcheur aux clubs sandwiches.

●

SALSA AUX AVOCATS ET SUPRÊMES D'AGRUMES (POUR PAIN PITA)

—

préparation 15 min
cuisson aucune

4 à 6 portions

●

3 avocats bien mûrs

Jus de ½ citron

1 orange

1 pamplemousse

1 filet d'huile d'olive

Sel et poivre

Retirer la pelure des avocats, les couper en
deux sur le sens de la longueur puis extraire
leurs noyaux.

Dans un bol à mélanger, mettre trois moitiés
d'avocats. Les réduire en purée en arrosant de jus
de citron.

Émincer finement les trois autres moitiés et
conserver les tranches dans un bol au frais.

Peler l'orange et le pamplemousse. À l'aide d'un
petit couteau, extraire les suprêmes.

Dans un bol, mélanger la purée d'avocats, les
avocats émincés et les suprêmes d'agrumes.
Ajouter l'huile d'olive et assaisonner de sel et de
poivre.

Conserver au frais 20 minutes avant de l'utiliser
en tartinade.

Excellente pour les sandwiches de pain
pita, mais également servie en guise
de trempette avec des croustilles.

●

CAVIAR D'AUBERGINE AU CUMIN ET ÉCLATS DE NOIX DE COCO (POUR WRAP)

———

préparation 30 min
cuisson 55 min

4 à 6 portions

●

2 aubergines

2 filets d'huile d'olive

1 échalote française, ciselée

1 gousse d'ail, hachée

5 ml (1 c. à thé) de cumin

125 ml (½ tasse) de noix de coco râpée

Sel et poivre

Préchauffer le four à 180 °C (350 °F).

Diviser les aubergines en deux dans le sens de la longueur. À l'aide d'un couteau, faire des petites incisions en croix dans la chair. Verser un filet d'huile d'olive sur la surface, saler et poivrer.

Déposer les aubergines sur une plaque à cuisson. Cuire au four 35 à 40 minutes. Une fois les aubergines cuites, retirer la chair à l'aide d'une cuillère. Hacher la chair à l'aide d'un gros couteau.

Dans une grande poêle, faire revenir l'échalote et l'ail dans un filet d'huile pendant 1 à 2 minutes. Ajouter la préparation d'aubergine ainsi que le cumin et la noix de coco râpée. Remuer, assaisonner de poivre et de sel. Cuire à feu doux 10 minutes supplémentaires. Servir.

Cette préparation est tout aussi savoureuse froide que chaude.

●

CONFIT D'HUMUS AUX ŒUFS ET FEUILLES D'ÉPINARDS (POUR PAIN BAGUETTE)

———

préparation 20 min
cuisson 10 min

4 à 6 portions

●

2 œufs durs (œufs cuits 10 minutes)

5 ml (1 c. à thé) de cumin

1 goutte de sauce Tabasco

500 ml (2 tasses) de pois chiches cuits ou en conserve

30 ml (2 c. à soupe) de tofu soyeux

2 gousses d'ail, hachées

Jus de 1 citron

1 filet d'huile d'olive

125 ml (½ tasse) d'épinards frais, hachés

Sel et poivre

Dans un mélangeur, déposer les œufs durs, le cumin et la sauce Tabasco. Mixer.

Incorporer les pois chiches, le tofu soyeux et l'ail. Mixer de nouveau.

Verser le jus de citron et l'huile d'olive. Mélanger jusqu'à l'obtention d'une préparation lisse et homogène.

Ajouter les épinards à la préparation. Assaisonner et rectifier l'onctuosité en ajoutant un filet d'huile ou un peu d'eau.

Conserver au frais.

●

TOP 5

MARINADES

—

MARINADE AUX ARACHIDES ET BEURRE D'ARACHIDE

—

préparation 10 min
cuisson aucune

4 à 6 portions

•

80 ml (⅓ tasse) d'arachides salées

30 ml (2 c. à soupe) de beurre d'arachide

30 ml (2 c. à soupe) de vinaigre de vin rouge

1 gousse d'ail, hachée

Sel et poivre

250 ml (1 tasse) d'eau tiède

Dans un bol à mélanger, concasser les arachides. Ajouter le beurre d'arachide ainsi que le vinaigre de vin rouge et l'ail. Assaisonner.

Ajouter l'eau au mélange en brassant à l'aide d'un fouet.

Laisser reposer au frais 1 heure avant de servir.

Cette marinade sera parfaite pour mariner le tofu ferme quelques heures ou encore pour accompagner les rouleaux de printemps. Elle peut être également utilisée comme vinaigrette. Il suffira alors de la détendre avec un peu d'eau.

•

MARINADE DE CLÉMENTINES, LIME ET PIMENT

—

préparation 15 min
cuisson aucune

4 à 6 portions

•

180 ml (¾ tasse) de quartiers de clémentines

Jus de 2 limes

100 ml (⅜ tasse) d'huile d'olive

½ poivron vert, en morceaux

Quelques gouttes de sauce Tabasco

Sel et poivre

1 pincée de piment d'Espelette

Dans un mélangeur, déposer les quartiers de clémentines, le jus de lime et l'huile d'olive. Ajouter le poivron. Mixer.

Verser quelques gouttes de sauce Tabasco et assaisonner de sel, de poivre et de piment d'Espelette.

Conserver au frais.

•

Pensez végé. Variez la sauce.

MARINADE MIEL ET FRUITS ROUGES

—

préparation 15 min
cuisson aucune

4 à 6 portions

●

5 à 6 framboises

5 à 6 mûres

20 ml (4 c. à thé) de miel

20 ml (4 c. à thé) de vinaigre de riz

50 ml (3 c. à soupe + 1 c. à thé)
d'huile d'olive

Sel et poivre

Dans un mélanger, déposer les fruits, le miel
et le vinaigre de riz. Mixer et y incorporer l'huile
d'olive. Assaisonner.

Cette marinade sera parfaite pour
le tofu ferme.

●

MARINADE TERIYAKI

—

préparation 15 min
cuisson 5 min

4 à 6 portions

●

80 ml (⅓ tasse) de miel

50 ml (1 c. à soupe + 1 c. à thé)
de sauce soya

2 gousses d'ail, hachées

5 ml (1 c. à thé) de gingembre, râpé

Jus de 1 citron

50 ml (1 c. à soupe + 1 c. à thé)
d'huile de sésame

Sel et poivre

15 ml (1 c. à soupe) de fécule
de pommes de terre

Dans une casserole, déposer le miel. Apporter à
ébullition puis incorporer la sauce soya. Ajouter
l'ail et le gingembre. Remuer et incorporer le jus
de citron et l'huile de sésame. Assaisonner.

Dans un petit bol à mélanger, délayer la fécule
de pomme de terre dans 100 ml (³⁄₈ tasse) d'eau.
Verser dans la première préparation et faire mijoter
jusqu'à l'obtention d'une sauce onctueuse.

Laisser refroidir et utiliser comme marinade.

Cette préparation peut être servie
chaude, comme sauce teriyaki.

●

MARINADE
DE VINAIGRE DE RIZ
ET MANGUE FRAÎCHE

—

préparation 10 min
cuisson aucune

4 à 6 portions

●

½ mangue fraîche, en morceaux

50 ml (3 c. à soupe + 1 c. à thé) de vinaigre
de riz

2 gousses d'ail, hachées

Sel et poivre

100 ml (⅜ tasse) d'eau

Dans un bol à mélanger, mettre les morceaux de
mangue, le vinaigre de riz et l'ail. Assaisonner.
Mixer à l'aide d'un mélangeur à main. Ajouter l'eau.
Mixer à nouveau.

Conserver au réfrigérateur.

●

TOP 5

VINAIGRETTES

—

VINAIGRETTE POMME-POMME

—

préparation 10 min
cuisson aucune

4 à 6 portions

●

1 pomme Granny Smith, épépinée, en quartiers
80 ml (⅓ tasse) de vinaigre de cidre
30 ml (2 c. à soupe) de moutarde
80 ml (⅓ tasse) de jus de pomme
Sel et poivre
250 ml (1 tasse) d'huile d'olive

Dans un mélangeur, déposer les morceaux de pomme et ajouter le vinaigre de cidre, la moutarde et le jus de pomme. Mixer.

Assaisonner. Verser l'huile d'olive par petits filets et monter énergiquement la vinaigrette.

Conserver au frais.

Excellente pour assaisonner les salades. Elle s'accordera très bien avec les noix et les morceaux de pomme. Les mélanges légumes et fruits font d'excellentes salades.

●

VINAIGRETTE CIDRE ET ÉRABLE

—

préparation 10 min
cuisson aucune

4 à 6 portions

●

80 ml (⅓ tasse) de sirop d'érable
80 ml (⅓ tasse) de vinaigre de cidre
100 ml (⅜ tasse) de cidre
Sel et poivre
100 ml (⅜ tasse) d'huile d'olive

Dans un bol à mélanger, verser le sirop d'érable et le vinaigre de cidre. Remuer à l'aide d'un fouet.

Verser le cidre et bien mélanger. Assaisonner et terminer en ajoutant l'huile d'olive. Remuer énergiquement la préparation.

Conserver au frais.

Cette vinaigrette sera succulente accompagnée de noix et de morceaux de pommes.

●

VINAIGRETTE
AUX DEUX SÉSAMES

——

préparation 10 min
cuisson aucune

4 à 6 portions

●

30 ml (2 c. à soupe) de graines
de sésame noires

30 ml (2 c. à soupe) de graines
de sésame blanches

1 gousse d'ail, hachée

30 ml (2 c. à soupe) de vinaigre de vin rouge

Sel et poivre

30 ml (2 c. à soupe) de sauce soya

100 ml (⅜ tasse) d'huile de sésame

Dans une poêle sans matière grasse, faire
revenir rapidement les graines de sésame noires
et blanches.

Dans un bol à mélanger, déposer l'ail et le vinaigre
de vin rouge. Saler et poivrer. Ajouter les graines
de sésame grillées et la sauce soya puis verser
l'huile de sésame. Bien remuer la vinaigrette à
l'aide d'un fouet.

Conserver au frais.

Parfaite pour les préparations de tofu.
Une intéressante touche de saveur d'Asie.

●

VINAIGRETTE
TOUT FRAMBOISE

——

préparation 15 min
cuisson aucune

4 à 6 portions

●

½ barquette de framboises fraîches

45 ml (3 c. à soupe) de vinaigre de framboise

Sel et poivre

250 ml (1 tasse) d'huile d'olive

Dans un bol à mélanger, déposer les framboises.
Les écraser à l'aide d'une fourchette. Ajouter le
vinaigre de framboise et battre à l'aide d'un fouet.

Saler, poivrer. Ajouter l'huile d'olive en remuant
énergiquement jusqu'à l'obtention d'une
vinaigrette onctueuse.

Conserver au frais et bien mélanger au moment
de servir.

Une vinaigrette parfaite sur une salade
d'épinards frais. Pour un goût plus
relevé, ne pas hésiter à ajouter une
gousse d'ail finement hachée.

●

VINAIGRETTE
DE PLUSIEURS NOIX

—

préparation 10 min
cuisson aucune

4 à 6 portions

●

80 ml (⅓ tasse) de noix de Grenoble

80 ml (⅓ tasse) de noisettes

80 ml (⅓ tasse) de noix de cajou

45 ml (3 c. à soupe) de vinaigre de vin rouge

45 ml (3 c. à soupe) d'huile d'olive

100 ml (⅜ tasse) d'huile de noix

Sel et poivre

Dans une poêle, faire revenir toutes les noix dans
un filet d'huile d'olive jusqu'à coloration.

Dans un mélangeur, verser les noix et mixer pour
obtenir des noix concassées.

Dans un bol à mélanger, mettre les noix
concassées, verser le vinaigre de vin, l'huile de noix
et l'huile d'olive. Assaisonner. Bien mélanger.

Réserver au frais.

Vinaigrette passe-partout pour
toutes les salades.

●

ACHAT LOCAL
OU ACHAT D'AILLEURS

TOP 5

PESTOS

—

PESTO D'ASPERGES VERTES ET BLANCHES
—

préparation 20 min
cuisson 15 min

4 à 6 portions

●

½ botte d'asperges blanches
½ botte d'asperges vertes
250 ml (1 tasse) de parmesan râpé
125 ml (½ tasse) de noix de pin, grillées
Filet d'huile d'olive
Sel et poivre

Dans une casserole d'eau bouillante salée, cuire les asperges blanches. Retirer, égoutter et laisser refroidir.

Dans un mélangeur, déposer les asperges vertes crues préalablement coupées en morceaux ainsi que les asperges blanches cuites coupées en morceaux. Mixer.

Ajouter le parmesan et les noix de pin. Monter le tout avec l'huile d'olive. Saler et poivrer.

Conserver au frais.

Excellent pesto pour les tartinades et pour accompagner les garnitures à sandwiches.

●

PESTO DE BASILIC ET GRAINES DE CITROUILLE
—

préparation 10 min
cuisson 5 min

4 à 6 portions

●

60 ml (¼ tasse) de graines de citrouille
2 filets d'huile d'olive
1 gros bouquet de basilic frais
80 ml (¾ tasse) de parmesan râpé
Sel et poivre

Dans une poêle, faire revenir les graines de citrouille dans un filet d'huile d'olive.

Déposer dans un mélangeur avec les feuilles de basilic. Incorporer le parmesan et mixer avec un filet d'huile d'olive. Assaisonner.

Mettre en pots et conserver au frais.

●

PESTO DE NOIX AUX TOMATES ET CITRON CONFIT

—

préparation 15 min
cuisson aucune

4 à 6 portions

●

30 ml (2 c. à soupe) de citron confit
en conserve, haché finement

125 ml (½ tasse) de noix de Grenoble

180 ml (⅔ tasse) de tomates séchées,
en julienne

250 ml (1 tasse) de parmesan râpé

1 filet d'huile d'olive

Sel et poivre

Dans un mélangeur, déposer le citron confit.
Incorporer les noix de Grenoble. Mixer.

Ajouter les tomates séchées et le parmesan.
Verser l'huile d'olive et assaisonner avant de mixer
à nouveau.

Mettre en pots et conserver au frais.

Idéal pour la préparation de tartelettes
au fromage ou pour agrémenter les
recettes de pâtes.

●

PESTO D'OLIVES ET CONDIMENTS

—

préparation 15 min
cuisson aucune

4 à 6 portions

●

250 ml (1 tasse) d'olives vertes, dénoyautées

30 ml (2 c. à soupe) de câpres

½ échalote française, ciselée

4 gousses d'ail, hachées

Sel et poivre

1 filet d'huile d'olive

15 ml (1 c. à soupe) de ciboulette, ciselée

Dans un mélangeur, déposer les olives et les
câpres. Ajouter l'échalote et l'ail. Mixer.

Assaisonner et verser l'huile d'olive. Ajouter
la ciboulette. Mixer.

Mettre en pots et conserver au frais.

Facile à utiliser, il sera parfait pour
les pâtes, le riz ou sur les tartines.

●

PESTO D'ENDIVES BRAISÉES AU JUS D'ORANGE

préparation 20 min
cuisson 35 min

4 à 6 portions

●

2 endives

Jus de 1 citron

15 ml (1 c. à soupe) de beurre

Jus de 1 orange

80 ml (⅓ tasse) de noix de Grenoble

250 ml (1 tasse) de parmesan

1 filet d'huile d'olive

Sel et poivre

Dans une grande casserole d'eau bouillante salée, plonger les endives et verser le jus de citron. Retirer. Déposer sur un papier absorbant et laisser refroidir.

Dans une poêle, faire fondre le beurre et faire caraméliser les endives de chaque côté. Déglacer avec le jus d'orange et laisser colorer.

Dans un mélangeur, déposer les endives préalablement coupées en morceaux et incorporer les noix et le parmesan. Mixer le tout avec un filet d'huile d'olive. Assaisonner de sel et de poivre et conserver au frais.

Le jus de citron empêche le noircissement des endives.

●

TOP 5
MAYOS ET VARIANTES
—

MAYONNAISE POUR
TARTARE DE LÉGUMES

—

préparation 10 min
cuisson aucune

4 à 6 portions

●

15 ml (1 c. à soupe) de moutarde

3 jaunes d'œufs

Sel et poivre

250 ml (1 tasse) d'huile d'olive

2 échalotes françaises, ciselées

15 ml (1 c. à soupe) de
cornichons, hachés

15 ml (1 c. à soupe) de câpres,
hachées

15 ml (1 c. à soupe) d'oignons
blancs marinés, hachés

15 ml (1 c. à soupe) de jus
de citron

10 ml (2 c. à thé) de
sauce Tabasco

½ botte de ciboulette, ciselée

½ botte d'estragon, haché

15 ml (1 c. à soupe) de
vinaigre blanc

Dans un grand bol à mélanger, déposer la moutarde et les jaunes d'œufs. Saler et poivrer. Mélanger.

À l'aide d'un fouet, incorporer l'huile d'olive par petits filets.

Une fois la mayonnaise bien ferme, ajouter les échalotes, les cornichons, les câpres et les oignons blancs marinés. Ajouter le jus de citron et la sauce Tabasco. Mélanger.

Incorporer les herbes fraîches. Saler et poivrer.

Terminer avec le vinaigre blanc. Mélanger.

Conserver au frais.

Couper en brunoise un assortiment
de légumes crus et l'assaisonner avec
la mayonnaise. Voilà un tartare de
légumes pour les salades festives.

●

MAYONNAISE AUX FINES HERBES

—

préparation 15 min
cuisson aucune

4 à 6 portions

•

3 jaunes d'œufs

15 ml (1 c. à soupe) de moutarde

250 ml (1 tasse) d'huile végétale

1 échalote française, ciselée

15 ml (1 c. à soupe) de persil, haché

15 ml (1 c. à soupe) d'estragon, haché

15 ml (1 c. à soupe) de ciboulette, hachée

15 ml (1 c. à soupe) de basilic, haché

Sel et poivre

Quelques gouttes de vinaigre blanc

Dans un grand bol à mélanger, déposer les jaunes d'œufs et la moutarde. Verser l'huile végétale en petits filets et monter la mayonnaise à l'aide d'un fouet.

Une fois la mayonnaise bien ferme, incorporer l'échalote et les fines herbes. Assaisonner. Verser quelques gouttes de vinaigre blanc pour aider la conservation. Mélanger.

Conserver au frais.

Cette mayonnaise aux fines herbes sera parfaite pour les salades ou les tartes aux légumes.

•

MAYONNAISE AU CITRON ET ZESTES D'AGRUMES

—

préparation 15 min
cuisson aucune

4 à 6 portions

•

3 jaunes d'œufs durs

15 ml (1 c. à soupe) de moutarde

Jus de 1 citron

3 jaunes d'œufs frais

Zeste de ½ citron

Zeste de ½ lime

Sel et poivre

250 ml (1 tasse) d'huile végétale

Dans un mélangeur, déposer les jaunes d'œufs durs, la moutarde et le jus de citron. Mixer.

Incorporer les jaunes d'œufs frais ainsi que les zestes d'agrumes. Assaisonner de sel et de poivre. Verser l'huile végétale en légers filets et monter la mayonnaise afin qu'elle soit lisse et onctueuse.

Conserver au frais.

On peut ajouter des zestes d'orange ou de pamplemousse, la mayonnaise n'en sera que plus parfumée.

•

MAYONNAISE
SAFRANÉE

——

préparation 10 min
cuisson aucune

4 à 6 portions

●

3 jaunes d'œufs

15 ml (1 c. à soupe) de moutarde

250 ml (1 tasse) d'huile végétale

Quelques gouttes de vinaigre blanc

1 pincée de safran

Sel et poivre

Dans un grand bol à mélanger, déposer les jaunes
d'œufs et la moutarde. Remuer.

Verser l'huile en filet et monter la préparation
à l'aide d'un fouet jusqu'à l'obtention
d'une mayonnaise.

Une fois la mayonnaise bien ferme, ajouter le
vinaigre blanc et le safran. Assaisonner. Remuer.

Conserver au frais.

Cette mayonnaise douce et délicate
accompagne merveilleusement le navarin
de tofu citronné aux petits légumes (voir
recette à la page 30).

●

AÏOLI
GOURMAND

——

préparation 15 min
cuisson 15 min

4 à 6 portions

●

6 gousses d'ail

½ pomme de terre cuite, en morceaux

15 ml (1 c. à soupe) de moutarde

Sel et poivre

250 ml (1 tasse) d'huile d'olive

Dans une casserole d'eau bouillante, faire blanchir
les gousses d'ail puis retirer.

Dans un mélangeur, déposer la pomme de terre
coupée en morceaux ainsi que l'ail blanchi. Mixer.

Ajouter la moutarde, le sel et le poivre. Verser
l'huile d'olive en petits filets et monter une
mayonnaise lisse et homogène.

Conserver au frais.

Cette sauce aïoli sera excellente pour
la préparation de sandwiches et de
trempettes, mais aussi servie avec un
pot-au-feu de légumes.

●

TOP 5

SAUCES

—

SAUCE CURRY
POUR LÉGUMINEUSES

—

préparation 15 min
cuisson 20 min

4 à 6 portions

●

1 échalote française, ciselée

1 noisette de beurre

100 ml (⅜ tasse) de vin blanc

10 ml (2 c. à thé) de curry

Sel et poivre

250 ml (1 tasse) de crème 35 %

Dans une casserole, faire revenir l'échalote dans le beurre.

À coloration, ajouter le vin blanc et laisser mijoter 5 minutes. Incorporer le curry et remuer. Saler, poivrer et verser la crème. Cuire à feu doux 10 minutes afin d'obtenir une sauce onctueuse.

Idéal pour accompagner un simple plat de légumineuses. On peut y ajouter une portion de tofu ferme en dés et laisser mijoter.

●

SAUCE BÉARNAISE
RAPIDO PRESTO

—

préparation 15 min
cuisson 25 min

4 à 6 portions

●

100 ml (⅜ tasse) de vinaigre blanc

1 échalote française, ciselée

45 ml (3 c. à soupe) d'estragon, haché

4 jaunes d'œufs

125 ml (½ tasse) de beurre fondu

Sel et poivre

Dans une casserole, verser le vinaigre et ajouter l'échalote et l'estragon. Porter à ébullition. Laisser réduire à plus de ⅔ du volume et réserver.

Placer la préparation de vinaigre réduit au bain-marie. Ajouter les jaunes d'œufs. Cuire en battant énergiquement à l'aide d'un fouet. Verser le beurre fondu une petite quantité à la fois tout en continuant de fouetter. Assaisonner de sel et de poivre.

La sauce béarnaise doit avoir une belle texture épaisse. Elle est divine sur des légumes grillés ou sur des légumineuses.

●

SAUCE BBQ
POUR POUTINE

———

préparation 15 min
cuisson 40 min

4 à 6 portions

●

500 ml (2 tasses) de tomates concassées
en conserve

15 ml (1 c. à soupe) de pâte de tomate

10 ml (2 c. à thé) de sauce Tabasco

60 ml (¼ tasse) de sauce soya

30 ml (2 c. à soupe) de sauce Worcestershire

80 ml (⅓ tasse) de vinaigre de vin rouge

80 ml (⅓ tasse) d'huile d'olive

45 ml (3 c. à soupe) de miel

6 gousses d'ail, hachées

30 ml (2 c. à soupe) de moutarde

1 oignon, haché

Sel et poivre

Dans un mélangeur, déposer tous les
ingrédients. Mixer jusqu'à l'obtention d'une
préparation homogène.

Dans une casserole, verser le mélange et porter
à ébullition. Laisser mijoter à feu doux environ
30 à 40 minutes.

Une sauce parfaite pour la poutine
au tofu (voir recette à la page 159),
excellente pour parfumer les ragoûts
de légumineuses.

●

BÉCHAMEL
À LA MUSCADE

———

préparation 10 min
cuisson 15 min

4 à 6 portions

●

60 ml (¼ tasse) de beurre

80 ml (⅓ tasse) de farine

500 ml (2 tasses) de lait

1 pincée de muscade

Sel et poivre

Dans une casserole, faire fondre le beurre. Ajouter
la farine et remuer à l'aide d'un fouet. Verser le lait
en filets tout en remuant constamment. Une fois le
lait versé, ajouter la muscade, saler et poivrer.

Avec un peu de gruyère râpé, c'est encore
meilleur. Cette béchamel servira à la
confection de lasagnes et de gratins.

●

SAUCE GRIBICHE
FACILE
—

préparation 15 min
cuisson 10 min

4 à 6 portions

●

4 œufs cuits durs, jaunes et blancs séparés

30 ml (2 c. à soupe) de moutarde

250 ml (1 tasse) d'huile végétale

Sel et poivre

30 ml (2 c. à soupe) de vinaigre

15 ml (1 c. à soupe) de cornichons, hachés

15 ml (1 c. à soupe) de câpres, hachées

15 ml (1 c. à soupe) d'estragon, haché

15 ml (1 c. à soupe) de ciboulette, hachée

Dans un bol à mélanger, déposer les jaunes cuits et la moutarde. Battre à l'aide d'un fouet. Verser l'huile en filets et monter en mayonnaise. Assaisonner.

Incorporer le vinaigre, les cornichons et les câpres. Remuer.

Hacher les blancs d'œufs cuits au couteau et les ajouter à la mayonnaise avec les fines herbes hachées.

Conserver au frais.

Cette sauce gribiche se rapproche de la sauce tartare. Elle sera excellente comme trempette de légumes et comme garniture à sandwiches.

●

NOURRITURE GASPILLÉE DANS LES PAYS RICHES ?

25 % !!! (Le Devoir)

TOP 5
TREMPETTES
—

Top 5 – Trempettes

CRÉMEUX WESTERN, TOMATES ET BRANDY

—

préparation 20 min
cuisson 15 min

4 à 6 portions

●

2 échalotes françaises, ciselées

2 filets d'huile d'olive

250 ml (1 tasse) de tomates fraîches,
épépinées, coupées en petits dés

Quelques gouttes de sauce Tabasco

180 ml (¾ tasse) de mayonnaise

30 ml (2 c. à soupe) de pâte de tomate

45 ml (3 c. à soupe) de brandy

Sel et poivre

Dans une poêle, faire revenir les échalotes dans
un filet d'huile d'olive. Une fois les échalotes
caramélisées, ajouter les tomates. Cuire 1 minute
à feu doux et incorporer la sauce Tabasco.

Déposer la préparation dans un bol à mélanger.
Laisser refroidir puis incorporer la mayonnaise.

Dans une casserole, cuire la pâte de tomate à feu
doux avec un léger filet d'huile d'olive afin de lui
retirer un peu d'amertume. Verser le brandy et
mélanger. Incorporer cette préparation au premier
mélange. Remuer et assaisonner avec du sel et
du poivre. Servir froid.

Une sauce trempette épicée excellente
avec les légumes ou les croustilles.

●

TREMPETTE AUX ÉPINARDS ET CÉLERI

—

préparation 15 min
cuisson aucune

4 à 6 portions

●

1 branche de céleri, émincée

500 ml (2 tasses) de feuilles d'épinards

1 gousse d'ail, hachée

30 ml (2 c. à soupe) de vinaigre

Sel et poivre

250 ml (1 tasse) de crème sure

1 échalote française, ciselée

15 ml (1 c. à soupe) de ciboulette, ciselée

Dans un mélangeur, placer le céleri, les feuilles
d'épinards et l'ail. Mixer avec le vinaigre.
Assaisonner.

Dans un bol à mélanger, déposer la crème sure.
Ajouter la préparation céleri-épinards. Incorporer
l'échalote et la ciboulette. Bien remuer.

Conserver au frais jusqu'au moment de servir.

●

GUACAMOLE ÉPICÉ

—

préparation 15 min
cuisson aucune

4 à 6 portions

•

3 avocats mûrs

Jus de 2 limes

45 ml (3 c. à soupe) de tofu soyeux

1 échalote française, ciselée

15 ml (1 c. à soupe) de coriandre, hachée

2 tomates bien mûres, en dés

5 ml (1 c. à thé) de sauce Tabasco

1 pincée de piment d'Espelette

Sel et poivre

Diviser les avocats en deux. Retirer les noyaux.
À l'aide d'une cuillère, évider les avocats.

Déposer la chair dans un mélangeur. Incorporer le
jus de lime et le tofu soyeux. Mixer.

Dans un bol à mélanger, déposer la purée
d'avocats, l'échalote et la coriandre. Incorporer les
tomates. Assaisonner avec la sauce Tabasco et le
piment d'Espelette. Saler et poivrer.

Conserver au frais.

•

SAUCE TREMPETTE AUX CHAMPIGNONS

—

préparation 15 min
cuisson 10 min

4 à 6 portions

•

250 ml (1 tasse) de champignons shiitake,
hachés finement

180 ml (¾ tasse) de champignons de Paris,
hachés finement

1 filet d'huile d'olive

Sel et poivre

15 ml (1 c. à soupe) de ciboulette, ciselée

1 échalote française, ciselée

250 ml (1 tasse) de crème sure

Quelques gouttes de sauce Tabasco

Dans une poêle, faire revenir les champignons dans
l'huile d'olive. Saler et poivrer.

Dans un bol à mélanger, déposer les champignons,
la ciboulette et l'échalote. Ajouter la crème sure.
Bien remuer. Assaisonner et parfumer de quelques
gouttes de sauce Tabasco.

Conserver au frais.

•

SAUCE YOGOURT, LIMETTE, GINGEMBRE ET ÉRABLE

—

préparation 15 min
cuisson aucune

4 à 6 portions

●

20 ml (1 c. à soupe + 1 c. à thé)
de sirop d'érable

15 ml (1 c. à soupe) de vinaigre

Sel et poivre

Jus et zeste de 1 lime

15 ml (1 c. à soupe) de gingembre râpé

250 ml (1 tasse) de yogourt nature

15 ml (1 c. à soupe) de graines de pavot

Dans un bol à mélanger, déposer le sirop d'érable
et le vinaigre. Saler et poivrer. Ajouter le jus et
le zeste de lime ainsi que le gingembre. Bien
mélanger à l'aide d'un fouet.

Incorporer le yogourt au mélange. Brasser.

Terminer en ajoutant les graines de pavot.

Réserver au frais.

●

TOP 5
SHAKES ET YOGOURTS

—

YOGOURT GLACÉ
À LA PAPAYE
ET AUX BAIES DE GOJI
—

ÉMULSION
DE LAIT DE SOYA
FAÇON V8
—

trempage 1 h
préparation 15 min
cuisson aucune

4 à 6 portions

●

1 papaye bien mûre

Jus de 1 lime

375 ml (1 ½ tasse) de yogourt nature

125 ml (½ tasse) de baies de goji

Dans un bol, déposer les baies de gogi. Couvrir d'eau et laisser tremper 1 heure.

Peler la papaye et la couper en morceaux.

Dans un mélangeur, déposer la papaye et le jus de lime puis mixer jusqu'à l'obtention d'un nectar.

Incorporer le yogourt et les baies de goji puis mixer de nouveau jusqu'à l'obtention d'une préparation lisse et homogène.

Placer au congélateur 10 à 15 minutes avant de servir.

●

préparation 15 min
cuisson aucune

4 à 6 portions

●

1 branche de céleri, émincée (avec feuilles)

2 tomates bien mûres, épépinées, en morceaux

Jus de 1 carotte

½ poivron rouge, en morceaux

3 feuilles de basilic

Jus de 1 citron

Sel et poivre

1 l (4 tasses) de lait de soya

Dans un mélangeur, déposer le céleri et les tomates. Verser le jus de carotte. Ajouter le poivron et les feuilles de basilic. Arroser de jus de citron. Saler et poivrer. Mixer la préparation.

Rajouter le lait de soya additionné de quelques cubes de glace. Mixer une dernière fois.

À consommer très frais avec une tige de céleri dans le verre.

●

LAIT D'AMANDE
FRAPPÉ AUX BANANES
CHOCO-NOISETTE

—

préparation 15 min
cuisson 5 min

4 à 6 portions

●

125 ml (½ tasse ou 50 g) de chocolat
noir à fondre

2 bananes, en tronçons

30 ml (2 c. à soupe) de beurre
de noisette à tartiner

500 ml (2 tasses) de lait d'amande

60 ml (¼ tasse) de noisettes entières grillées

Faire fondre le chocolat noir au bain-marie.

Dans un mélangeur, déposer les bananes.
Incorporer le beurre de noisette. Verser le lait
d'amande. Mixer.

Concasser les noisettes à l'aide d'un mortier.

Terminer la préparation en incorporant les
noisettes et le chocolat fondu dans le mélangeur.

Au moment de servir, mixer avec quelques cubes
de glace.

●

YOGOURT À BOIRE
AU NECTAR DE FRUITS
ET TOFU SOYEUX

—

préparation 20 min
cuisson aucune

4 à 6 portions

●

90 ml (⅜ tasse) de nectar de poire

90 ml (⅜ tasse) de nectar de fruits rouges

Jus de 1 lime

180 ml (¾ tasse) de yogourt nature

90 ml (⅜ tasse) de tofu soyeux

Dans un mélangeur, verser les nectars et le jus de
lime. Ajouter le yogourt nature et le tofu soyeux.
Mixer le tout afin de bien mélanger les ingrédients.
Conserver au frais.

Servir dans un grand verre avec quelques morceaux
de poires et de fruits rouges.

●

Un smoothie peut-il remplacer
un repas?
Pour qu'un smoothie remplace un
repas, on doit y inclure au moins trois
ingrédients : des fruits, un produit
laitier (lait ou yogourt) ou un substitut
(boisson de soya), et du germe de blé
ou des flocons de céréales. On peut les
enrichir avec du beurre d'arachide ou y
intégrer des graines de lin ou de chia.
Un repas vite fait et nutritif!

SMOOTHIE FRAISE-
BANANE AU LAIT DE
COCO ALLÉGÉ

—

préparation 15 min
cuisson aucune

4 à 6 portions

●

1 banane, en tronçons

80 ml (⅓ tasse) de fraises

15 ml (1 c. à soupe) d'essence de vanille

45 ml (3 c. à soupe) de noix de coco râpée

500 ml (2 tasses) de lait de coco allégé

Dans le mélangeur, mettre la banane et les fraises.
Mixer jusqu'à l'obtention d'un nectar.

Incorporer l'essence de vanille et la noix de coco
râpée. Mixer.

Verser le lait de coco allégé dans le mélange.
Ajouter des cubes de glace puis mixer
énergiquement. Servir.

●

une banane vaut-elle un steak?
Pas du tout! En fait la banane est
surtout reconnue pour sa teneur en
glucides et en potassium et non en
protéines et en fer comme le steak...
la banane n'apportant pas de protéines,
elle ne peut remplacer une portion
de viande...

TOP 5
COLLATIONS
—

BARRES ÉNERGÉTIQUES
MAISON

—

préparation 40 min
cuisson 30 min

4 à 6 portions

●

250 ml (1 tasse) d'amandes,
grillées, concassées

250 ml (1 tasse) de graines
de tournesol, grillées

125 ml (½ tasse) de noisettes
concassées, grillées

15 ml (1 c. à soupe) de graines
de sésame grillées

1 filet d'huile de canola

500 ml (2 tasses) de miel

180 ml (⅔ tasse) de raisins secs

80 ml (⅓ tasse) de figues
sèches, hachées

125 ml (½ tasse) d'abricots
secs, hachés

125 ml (½ tasse) de
canneberges séchées

250 ml (1 tasse) de farine

330 ml (1 ⅓ tasse) de
flocons d'avoine

Préchauffer le four à 190 °C (375 °F).

Dans une poêle, faire colorer les amandes, les graines de tournesol, les noisettes et les graines de sésame dans l'huile de canola.

Dans une casserole, porter le miel à ébullition.

Dans un bol à mélanger, déposer les fruits secs. Verser la farine en pluie. Mélanger. Ajouter les flocons d'avoine. Mélanger puis verser le miel très chaud sur la préparation.

Placer dans une casserole. Laisser mijoter en remuant pendant 5 à 6 minutes afin que le miel enrobe bien tous les ingrédients.

Déposer la préparation dans un plat à gratin préalablement graissé. Bien étaler. Cuire au four pendant 15 à 20 minutes.

Laisser refroidir puis démouler. Couper en portions individuelles.

Emballer les portions avec du papier parchemin et placer dans un contenant fermé hermétiquement. Consommer de préférence dans les 2 semaines suivant la préparation.

●

PAIN PERDU AU BEURRE D'AMANDE

—

préparation 10 min
cuisson 10 min

4 à 6 portions

●

3 œufs

30 ml (2 c. à soupe) de sucre fin

15 ml (1 c. à soupe) d'essence de vanille

60 ml (¼ tasse) de beurre d'amande

250 ml (1 tasse) de lait

4 à 6 belles tranches de pain brioché

1 noisette de beurre

Dans un grand bol à mélanger, déposer les œufs, le sucre et l'essence de vanille. Battre énergiquement à l'aide d'un fouet.

Déposer le beurre d'amandes dans une casserole et verser le lait. Porter à ébullition et remuer avec un fouet.

Verser le lait dans le mélange d'œufs et battre de nouveau.

Tremper entièrement les tranches de pain brioché et les faire dorer avec du beurre dans une poêle bien chaude.

Déguster chaud avec de la crème glacée à la vanille.

●

CRÈME DE CITRON À TARTINER AU TOFU SOYEUX

—

préparation 15 min
cuisson 20 min

4 à 6 portions

●

250 ml (1 tasse) de sucre à glacer

4 œufs entiers + 1 jaune

Jus et zeste de 2 citrons

Jus de 1 limette

310 ml (1 ¼ tasse) de beurre

80 ml (⅓ tasse) de tofu soyeux

Dans un gros bol à mélanger, déposer le sucre à glacer et les œufs. Battre énergiquement à l'aide d'un fouet. Verser le jus et les zestes d'agrumes. Mélanger.

Dans une casserole, porter la préparation à ébullition en remuant continuellement. Cuire à feu très doux et incorporer le beurre. La crème de citron sera prête quand celle-ci nappera complètement la cuillère.

Laisser reposer au frais. Une fois complètement froide, terminer la préparation en ajoutant le tofu soyeux. Remuer.

Réserver dans un pot à confiture.

Une gourmandise à savourer dès le matin pour le petit déjeuner ou comme préparation de tarte aux fruits.

●

CRÈME
DE TAPIOCA
AU LAIT DE COCO

—

préparation 15 min
cuisson 10 min

4 à 6 portions

●

2 œufs

125 ml (½ tasse) de lait

80 ml (⅓ tasse) de sucre

1 boîte de lait de coco de 398 ml

60 ml (¼ tasse) de tapioca

15 ml (1 c. à soupe) d'essence de vanille

Dans un bol à mélanger, déposer les œufs et battre vigoureusement à l'aide d'un fouet. Ajouter le lait, le sucre et le lait de coco. Remuer. Ajouter le tapioca et l'essence de vanille.

Dans une casserole, verser le mélange et porter à ébullition en remuant continuellement. Cuire environ 10 minutes.

Verser la crème de tapioca dans des coupes à dessert. Conserver au frais. Déguster bien froid.

Pourquoi pas une petite salade de fruits rouges pour accompagner ce ravissant dessert?

●

COMPOTE DE POMMES
ET RHUBARBE AUX
FRUITS SECS

—

préparation 20 min
cuisson 30 min

4 à 6 portions

●

1 tige de rhubarbe, pelée, en tronçons

80 ml (⅓ tasse) de sucre

4 pommes Golden, pelées, épépinées, en morceaux

80 ml (⅓ tasse) d'abricots secs, en morceaux

30 ml (2 c. à soupe) de rhum

15 ml (1 c. à soupe) de raisins secs

15 ml (1 c. à soupe) d'essence de vanille

Dans une casserole, déposer la rhubarbe, couvrir à hauteur d'eau et ajouter le sucre et les pommes. Cuire à feu doux pendant 30 minutes jusqu'à l'obtention d'une compote.

Dans un bol à mélanger, déposer les abricots secs, le rhum et les raisins secs.

À la fin de la cuisson de la compote, ajouter l'essence de vanille ainsi que les fruits secs au rhum. Laisser reposer au frais 1 à 2 heures avant de déguster.

En période de belles fraises, ne pas hésiter à en ajouter, c'est délicieux!

●

REMERCIEMENTS

—

Vincent
— Isabelle, Jérôme et moi tenons à remercier tous ceux et celles qui ont participé au projet.

Merci à Martine Pelletier, notre éditrice, pour sa confiance et pour le flair dont elle a fait preuve en réunissant autour de nous une équipe de rêve. Annie Lachapelle et Anne-Marie Deblois, de l'Atelier Chinotto, merci pour toutes ces pages finement pensées, merci de nous avoir amenés plus loin que nous l'espérions. Daniel Mathieu, merci pour ton œil de lynx. Céline Comeau, merci d'avoir donné de la saveur à nos plats. À vous cinq, merci d'avoir imaginé ce livre avec nous. Merci de l'avoir porté.

Merci à Alexis Brault, à Danielle Dulude, à Cécile Kilidjian.

Merci à France et Josée Beaudoin, à Galia Chahine, Richard Thériault, Rachel Graton, Jennifer Plante-Chambers, Roland Del Monte, Nathalie Tremblay, François Cardinal et Laure Waridel.

Merci à Ludo, Patrice et toutes les équipes d'Europea pour votre accueil chaleureux.

Isabelle
— Je tiens également à remercier mes joyeux coauteurs qui ont rendu le projet ludique. Aussi à Stéphanie St-Laurent, mon adjointe à ma clinique Kilo Solution, pour son aide dans l'élaboration du contenu de mes textes.

Jérôme
— Et de mon côté, j'ajoute un gros merci à mes clients, qui nourrissent mon inspiration et font battre mon cœur.

●

INDEX ALPHABÉTIQUE DES RECETTES

●